歴史文化ライブラリー

525

〈武家の王〉足利氏

戦国大名と足利的秩序

谷口雄太

吉川弘文館

目次

なぜ、足利氏は続いたか―プロローグ……1
いま、足利氏が熱い／無力ではなかった足利氏／有力でもなかった足利氏／力の有無を超えて

共通利益と共通価値

力の体系・利益の体系・価値の体系……10
国家成立の三要素／政治学では／社会学でも／戦国日本の場合

戦国期の将軍と大名……18
共通利益論／対内問題／対外問題／共通価値論／足利的秩序／権威について／共通点と相違点

足利絶対観の形成

上からの努力……38

足利絶対観の濫觴／相対的な尊貴性から／絶対的な貴種性へ／大名・武家から見る必要性

下からの支持……46

十四世紀末頃以前／十四世紀末頃―足利満兼と大内義弘（西国）／十四世紀末頃以後―足利満隆と上杉禅秀（東国）／大覚寺義昭と山名持熙（西国）／足利持氏遺児と岩松持国（東国）／足利義尊と赤松満祐（西国）／戦国期でも／小山・結城一族からの定点観測

権威のメカニズム……63

イデオロギーによる支配／他時代・他地域の場合―近世日本・徳川家／近世フランス・ブルボン家／現代北朝鮮・金家／暴力とイデオロギー

確立する足利的秩序

足利一門の基礎知識……74

足利一門とは誰か／新田流のこと／新田氏のこと／太平記史観を超えて／吉見氏のこと／改めて、足利一門とは誰か

足利一門か、足利一門以外か……96

室町幕府の中心で／中央の大名―土岐氏と佐々木氏（南北朝期）／佐々木氏と山名氏（南北朝期）／山名氏と一色氏（室町期）／戦国期でも／地方の武家―九州／地方の武家―奥羽／地方の武家―関東

足利一門になるということ……122

足利一門化／栄典としての足利一門化―恩賞による場合／側近化に伴う場合／主張としての足利一門化―一門名字／頼朝末裔／尊氏由緒

なぜ、足利氏は滅びたか

足利の血統の価値低下……136

十六世紀中葉という断絶／下剋上？

上からの改革……142

改革する将軍／自壊する秩序／他時代・他地域の場合

足利時代再考―エピローグ……151

本書の結論／中世後期は何時代？／室町時代と足利時代／平泉澄と時代区分／社会と個人／時代区分を再考する／その後の世界

あとがき

参考文献

なぜ、足利氏は続いたか――プロローグ

本書は、有力な大名たちが各地に割拠する戦国期に、なおも足利氏が存続しえた理由と、それが最終的には滅亡してしまった事情を探ろうとするものである。

いま、足利氏が熱い

いま、足利氏が熱い。それは、学界的に論文や報告の数が増えたという次元を超えて、社会的にも呉座勇一『応仁の乱』（中央公論新社、二〇一六年）や亀田俊和『観応の擾乱』（中央公論新社、二〇一七年）などの書籍が爆発的にヒットするという現象（「室町ブーム」）を生み出し、そして、数多くの図書や雑誌が後に続いているということからもうかがえるところである。現在も、博物館やテレビ、さらにはインターネットやＳＮＳ（ソーシャ

ル・ネットワーキング・サービス）なども巻き込んで、中世の足利氏は高い人気を誇っている。

足利氏がここまで注目を集めているという事実は、まことに驚異的というほかないが、その前提には、戦前の「足利氏＝逆賊」観や、戦後の「室町幕府＝守護大名の連合政権」イメージ、さらには「戦国将軍＝無力」像を実証的・徹底的に見直し、足利氏の独自性・求心性を解明してきた中世史学の先達たちの脈々たる営為・努力があることはいうまでもない。足利氏の存在感は、歴史学での地道な研究によって徐々に明確なものとなっていき、そしてその魅力は、小説やドラマなども通して次第に広く再発見されていったのである。

無力ではなかった足利氏

二十一世紀に入ると、足利氏の研究は急速に進み、ここ二十年の成果は、質的にも量的にも著しいものがある。そのひとつが、戦国期における足利氏（将軍）の位置づけである。

戦国期といえば、まずイメージされるのが「戦国大名」であろう。東日本の武田信玄や上杉謙信、北条氏康や今川義元、西日本の毛利元就や長宗我部元親、大友宗麟や島津義久などに代表される大名は、小説やドラマ、漫画やゲームなども通して、一般的な知名度や人気が抜群に高い。同時にまた、彼ら大名は戦国期研究の中心・王道でもあり続けてきた。

実際に、学界において、全国各地に盤踞（ばんきょ）した戦国大名は「地域国家」とも呼ばれ（勝俣：一九九六、有光編：二〇〇三）、「法と統治権の領域では独立で主権的な権力を確立した」存在であったと考えられている（石母田：一九七二）。事実、当時日本にやってきた西欧人（宣教師）たちの眼にも、戦国大名は「国王」（なお、ここでいう「国」とは「日本全国」の意味ではなく、武蔵（むさし）国・相模（さがみ）国などの「旧国」＝「各国」の意味である）と映っており（松本：二〇二〇）、戦国大名＝（何者にも左右されない）「地域の王」像は揺るがない。

かくして、戦国期研究の主役は、大名であり続けてきたわけであるが、これに対して、近年、それだけでは地域研究とはなりえても、日本研究にはならないのではないかとして、部分（地方）ではなく全体（中央）を見る必要性が盛んに問われ出した。そこで浮上してきたのが、まがりなりにも大名の中心に位置していたはずの将軍（足利氏）の存在である。

むろん、これまでの戦国期研究でも、将軍（足利氏）の存在は当然認知されてはいた。だがそれは、実質的にはあまりにも無力であり、所詮大名の傀儡（かいらい）にすぎないだろうという認識・想定が研究者のあいだで一般的であったため、あまり深くは追究されてこなかった。

しかし、それではなぜ無力だといわれる将軍（足利氏）が血で血を洗う戦国百年を生き抜けたのか、なぜ傀儡だったとしても大名たちの頂点に君臨し続けられたのか、説明することができず、戦国日本・武家社会の中枢に関する研究も空白のままであり続けてしまう。

このような歴史学的な背景も踏まえつつ、将軍（足利氏）研究は進展し、その実態が明らかにされた結果、将軍は決して「無力ではなかった」ことが、山田康弘をはじめとする研究者によって、徐々に明確化してきたのである（山田：二〇一一、山田編：二〇二〇）。

有力でもなかった足利氏

このように戦国将軍の実態解明が進んだことで、当該期足利氏が「無力ではなかった」事実はもはや揺るぎなくなったといえる。現在も基礎的な実証作業は日々積み重ねられており、今後それらが蓄積されることで、事実の究明はより一層深められていくことだろう。

ただ、ここで一点、気をつけておかなければならないのは、将軍が大名から飛び抜けて「有力でもなかった」事実である。「無力でない」ことは、「有力である」ことと同意ではない。要するに、将軍（足利氏）は決して無力ではなかったが、しかし別に必ずしも有力でもなかった、というただそれだけの話であって、それ以上でも以下でもない。足利氏が有力だったから大名は将軍を滅ぼすことができなかった、というわけではないのである。

振り返ってみれば、いうまでもなく戦国期とは、それ以前の段階の室町期とは異なって、足利氏が軍事力（暴力）でもって諸国の武家を切り従えられる（言うことを聞かせられる）時代ではなくなっていた。まさに「日本国は悉く以て（将軍の）御下知に応ぜざるなり」などといわれるようなありさまであった（『大乗院寺社雑事記』文明九年十二月十日条）。

事実、たとえば、東国の今川氏は「只今はをしなべて、（将軍ではなく）自分（今川氏）の力量を以て、国の法度を申し付け、静謐する事なれば」といい（『かな目録追加』二十条）、同様に、西国の毛利氏も「上意（将軍の命令）を背き候ても、家（毛利の家）をかかはり（保ち）候はでは叶わざる事に候」といっている（毛利隆元自筆覚書「毛利家文書」）。

このように、大名は将軍の言うことを聞く必要はなく、実力的には足利氏を打倒しようと思えばできないことはないわけであって、実際に三好長慶や織田信長らはそれをやってしまっている。将軍の「力」は、無力ではないけれども、有力というわけでもないのだ。

つまり、戦国期足利氏の存在は「力」の有無からでは説明することができない。足利氏は力があったからいたわけではなく（この点、東国の今川氏・武田氏・北条氏や、西国の大内氏・尼子氏など、複数の国々を有した実力派の大名たちであっても、容赦なく次々と滅んでいった事実も想起しよう）、力がなかったからいなくなったわけでもない。「力」の有無にかかわることなく、武家が必要・不可欠だと認めたから、足利氏は続いたのである。

ここに、「なぜ、戦国期に足利氏は続いたか」という問いは、「なぜ、大名たちは足利氏を認めたか」という問いへと、そのままスライドしていくことになる。

要するに、足利氏（将軍）＝「上」が存続した理由については、それを支えた「下」＝武家（大名）たちの考えからこそ探ってみなければならないのである。

では、改めて、なぜ、戦国期に足利氏は続いたか。なぜ、大名たちは足利氏を認めたか。

力の有無を超えて

以下、本書ではこの問題に答えを出していくつもりであるが、あらかじめ結論的な部分（本書全体の見取り図）を述べておくと、現状、答え（説明）はふたつあると考えている。

ひとつは、「共通利益」からの説明で、もうひとつは、「共通価値」からの説明である。

前者（共通利益論）は、将軍には利用するのに十分な人的・物的基盤＝メリットがあり、それゆえ、大名は功利的・合理的な選択の結果、将軍を滅ぼさずに活用したというものだ。これは「必要」と「不可欠」の両者のうち、前者＝「必要」をより重視する見方である。

これに対して後者（共通価値論）は、武家間には「足利氏＝武家の王」との像＝価値観が共有されており、それゆえ、武家は足利氏を滅ぼす発想を持ちえなかったというものだ。これは「必要」と「不可欠」の両者のうち、後者＝「不可欠」をより重視する見方である。

このあたり、戦国期足利氏の問題にとどまらず、国家や社会はいかにして成立するかという一般命題とも直結しているため、以下でははじめに政治学や社会学などの知見も参照して、秩序をあらしめる三要素（力・利益・価値）について、その理論部分から説明する。次いで、一般理論を踏まえたうえで、戦国日本という時間的・空間的に個別のケースへ落とし込んで、「共通利益」と「共通価値」について、その具体的な中身を簡潔に見通す。

この「共通利益」と「共通価値」のうち、前者の側面に注目するのが、戦国将軍研究の第一人者である山田康弘で、一般書も上梓している。『戦国時代の足利将軍』（吉川弘文館、二〇一一年）がその要点をよくまとめた基本の一冊といえるだろう。これに対して、後者の側面に着目するのが、筆者だが、まだ専門書を出した程度である（谷口：二〇一九）。

そこで、以下、本書では武家間の「共通価値」、具体的には足利氏を「武家の王」とする秩序意識・序列認識（これを「足利的秩序」と呼称する）がどのように成立し、維持され、そして崩壊していくのか、こちらに焦点をあてて、足利氏存続・滅亡の謎に迫ってみたい。

これにより、山田康弘『戦国時代の足利将軍』と対をなすものができればと願っている。

共通利益と共通価値

力の体系・利益の体系・価値の体系

戦国期、大名たちは「地域の王」として実力でもって各地を支配した。しかし同時に彼らは、無力ではないが有力でもない将軍を「武家の王」として承認し続けた。その結果、両者（足利氏―武家）は百年の長きにわたって共存することに成功した。それはなぜか。

国家成立の三要素

換言すれば、戦国大名は、地方ごとに文字通りの「地域国家」としてこの国から次々と離脱・独立していくという道＝「国家の分裂」などは選択せずに、むしろ、足利氏を武家の頂点とする「日本の統合」をまがりなりにも維持し続けたわけだ。それはなぜだろうか。

この問題を解いていくために、まずは一般的に国家がどのようにして成立しているのか、ここから確認していきたいと思う。参照するのは、政治学と社会学の基本的な知見である。結論からいえば、国家の成立には、力・利益・価値の三要素が重要だということになる。近年、歴史学では議論が精緻化・細分化するその一方で、隣接する他分野から諸成果を吸収していくことがやや少なくなったようにも感じられる。けれども、互いに同じようなことを考えている（考えてきた）部分がある以上、それは望ましいとはいえまい。筆者の能力のいたらない点があることは十分承知したうえで、以下、積極的に学んでみたいと思う。

政治学では

はじめに、政治学の見解からうかがっていこう。

二十世紀日本を代表する国際政治学者のひとりであった高坂正堯（こうさかまさたか）は、名著の誉れ高き『国際政治』のなかで、その答えを次のように簡潔かつ力強く宣言している。すなわち、「各国家は力の体系であり、利益の体系であり、そして価値の体系である」のだと（高坂：一九六六）。

つまり、日本も含めた各国家とは、①力、②利益、③価値の三要素から成り立っている以上、これらの三条件を丁寧に腑分けして考えていくことが求められるのだと結論する。

このうち、①「力」は暴力（軍事力）そのもの、つまり、強制力（言うことを聞かせる力）のことであり、国家を形成するうえでも、またそれを維持していくうえでも、良くも悪くも最初にくるものである（萱野：二〇〇五）。

だが、そのような暴力による一方的な抑圧・搾取（ゼロ・サムな関係）だけでは国家は安定しない。そこで、支配者と被支配者のあいだには、双方納得しうる程度の利害・損得の分配・保障（ウィン・ウィンの関係）が必要となってくる。それが、②「利益」である。支配者・被支配者がともに功利的・合理的にメリットを分かち合うことで、両者は相互に合意の形成を目指す（「契約」をかわす）ことが可能となり、国家は強化されていくというわけだ。

しかし、互いの利益がなくなれば、当然ながら「契約」は解消せざるをえず、不安定の域を脱することは難しい。国家を永続させるためには、別の要素が不可欠となってくる。それが、③「価値」である。

高坂は、比較的語られやすい①力や②利益に加えて、この③価値を強調して、次のようにいう。すなわち、「われわれは自分の欲する行動をとって生活している。しかし、それが社会に混乱をもたらさず、多くの人とのつながりを保っていくことができるのは、そこに共通の行動様式と価値体系という目に見えない糸が、われわれを結びつけているからなのである。国家から家に至るさまざまな制度も、この目に見えない糸によって支えられて、はじめて成立するのである」と。

そして、この価値を「常識」とも言い換えつつ、「この行動様式と価値体系は歴史的に作られてきたものだから、われわれが意識するよりはるかに深く、われわれの心のなかに食い込んでいるのであり」、「われわれの日常行動を規律する「常識」は、われわれがふつう意識しないけれども、きわめて重要なものである」と、われわれに繰り返し確認している。

以上のように、目には見えないけれども、われわれ（国家・共同体）を強く結びつけている糸、それが常識＝価値なのであって、それは力・利益とともに国家をあらしめる重要な要素だ。

社会学でも　続けて、社会学の見解もうかがってみよう（以下、長谷川公一・浜日出夫・藤村正之・町村敬志『社会学』有斐閣、二〇〇七年の「第三章　社会秩序と権力」の項目を参照した）。

社会学でも、なぜわれわれはバラバラとならず、一定のまとまりが維持されているのか（そこに構造＝秩序が存在しているのか）が問われてきたという（「ホッブズ的秩序問題」）。

図1　タルコット・パーソンズ

そして、その第一の答えが、「権力による秩序」であり、第二の答えが、「利害の一致による秩序」であり、第三の答えが、「共有価値による秩序」であるという。これは、まさに先ほど確認した政治学での結論（①力、②利益、③価値）と同内容であり、そのためここでの詳述は避けようと思うが、一点、第三の答え（共有価値による秩序）についてだけ、ここで少しばかり確認しておきたい。

この第三の答えを提唱したのは、二十世紀アメリカの著名な社会学者であるタルコット・パーソンズである。パーソンズは、一定程度共通の価値や規範が、社会的に制度化され個々人に内面化されることによって、安定的な秩序が形成・維持されることを強調した（「社会システム論」）。これは、功利主義的・合理主義的な自律的個人＝「強い」人間像に基づく説明、つまり、第二の答えである「利害の一致による秩序」を批判・克服して登場した、時代や社会＝周囲からの影響を受ける「弱い」人間像に基づく説明といえるかもしれない。このあたり、自律的・近代的人間観（ホモ・エコノミクス）に懐疑的な現代の行動経済学なども共通する部分があるだろう。理性や個人ではなく、感情や環境の重要性である。

現在、パーソンズの議論は批判的に継承され、種々の発展を遂げているようだが、価値・規範という話の根幹そのものは、力や利益とともに依然基本的な考えであり続けている。

戦国日本の場合

以上のように、国家（秩序）をあらしめる三要素（基本）としては、①力、②利益、③価値が存在したことが分かる。

これを踏まえて、本書のテーマである戦国日本の場合について見ていくとどうなるか。まず、①力だが、戦国期足利氏（将軍）には明らかにそれが欠けていたことが分かる。暴力（強制力）でもって武家（大名）を服属させることなどできていないわけであるから。そうなると、自動的に②利益、および、③価値が浮上してくることになるわけであるが、ここで類似のケースを参照してみたい。ふたたび、政治学（国際関係論）の成果である。

現在の国際政治においても、①力で万国を統御しうる唯一の超大国（スーパー・パワー）・世界政府などは存在していない。あるのは、国々からなる国際連合（国連）だけである。けれども、各国家が完全に好き勝手に行動している（純粋に国益のみを追求している）というわけではなく、世界・国連も崩壊していない（一定の役割を果たしている）。ここで、国際社会・国際関係が現実に機能している鍵として、②利益、および、③価値の存在が問われ出す。

この点について、二十世紀オーストラリアの高名な国際政治学者であるヘドリー・ブルは、次のように述べている。すなわち、「「主権国家から成る社会」（あるいは、国際社会）が存在すると言えるのは、一定の共通利益と共通価値を自覚した国家集団が」「一個の社会を形成しているときである」と（ブル：一九七七）。

同じく、現代日本の国際政治学者・細谷雄一もまた、次のようにいっている。すなわち、「諸国家が「共通利益」や「共通価値」を持っているならば、その国際社会は強い求心力を持つ」。そして、「国際秩序の安定性のためには、それを構成する諸国の間で「共通利益」や「共通価値」が認識されていなければならないのだ」と（細谷：二〇一二）。

これは、現在の東アジア・太平洋地域を眺めてみてもよく分かるのではないだろうか。つまり、日中関係は東アジア共同体ができず、戦略的互恵関係（②共通利益）といわれるだけのやや不安定なものであるのに対して、日米関係は②共通利益のみならず、西欧近代的な普遍的価値＝自由・民主主義・基本的人権・法の支配なども共有する価値観外交（③

共通価値）といわれるそれなりに安定したものであるからだ。この利益と価値の問題は、マクロな世界情勢や国際関係のみならず、ミクロな人間関係でもあてはまるのではないかと思う。

いずれにせよ、①力なき世界の秩序が維持されるうえで、②利益と③価値は重要な意味を持っていた。であるならば、戦国日本の場合についても、やはり「共通利益」と「共通価値」のふたつが意義あるものではなかったか、とは十分に想定されるところであろう。

このあたり、次に具体的に見ていこう。

戦国期の将軍と大名

まず、戦国期の将軍と大名の「共通利益」から見ていこう。

共通利益論

この観点から説明を試みているのが、戦国将軍研究の第一人者である山田康弘である。

山田は、自らの著書『戦国時代の足利将軍』（吉川弘文館、二〇一一年）のなかで、以下のような問題設定を行っている。すなわち、「戦国時代の足利将軍は無力であった、とよくいわれるが、なぜそのような将軍が戦国時代百年間にもわたって途中で滅亡せず、最後の将軍義昭にいたるまでともかくも存続しえたのであろうか」と。

これに対する山田の回答は、次の通りである。つまり、「大名たちにとって将軍は、さまざまな問題、とりわけ対外的な問題を対処するうえでまだまだ十分に利用価値があった（と大名たちは判断していた）から」であると。それゆえに、「多くの大名たちは、依然として将軍との関係を捨て去らず、将軍を支え、将軍を利用し、それゆえにその行動にあたっては一定の範囲内で将軍の上意を考慮に入れざるをえなかった。将軍が戦国時代百年間にもわたってともかくも存続しえた大きな理由の一つは、まさにここにあった」と結論する。

山田のキーワードは、戦国大名による将軍の「利用」「利用価値」であり、まさに「共通利益」からの説明といえよう。

では、将軍の利用価値とは、具体的にどのようなものであったのか。山田の解説を見てみよう。

山田は、複数の点から将軍の利用価値を説明しているが、大きく分けるとふたつある。「一つは他大名との「外交」問題といった対外的な問

図２　山田康弘著『戦国時代の足利将軍』表紙

題に対処する際に将軍が利用されるケース」であり、「いま一つは大名の家中・領国内のいわば対内問題に対処する際に将軍が利用されるケース」である。そして、そのうえで、「全体的な傾向としては、対内的な問題よりも対外問題を処理する際に将軍が利用されるというケースのほうが多かった」と見通している。

対内問題

はじめに、「対内問題」から見ていこう。

山田によれば、以下の点がある。

① 権力の二分化を防ぐ
② 家中内対立を処理する
③ 幕府法の助言を得る

①は豊後（ぶんご）国の戦国大名大友氏や薩摩（さつま）国の戦国大名島津氏のケースである。大友氏は将軍の側近に対して、大友氏の被官から（大名大友氏の頭越しに）将軍へ連絡があったとしても、それは無視してほしいと伝えており、同様に、島津氏も将軍に対して、類似の案件を伝えている。これらはつまり、大名の被官と将軍が直結することによって生じる大名権力の二分化（相対化）を大名自身が防いでいるということであり、換言すれば、もしも大名が上意（将軍）との関係を独占・維持し続けることができなければ、それを止めることは

できないということである。要は、大名は将軍との関係を良好なものとすることによって、被官の統制も図ることができるというわけであり、将軍との関係は重要ということになる。

②は若狭国の戦国大名武田氏のケースである。同国では漁業権などをめぐって丹生浦と竹浪村の相論（トラブル）が勃発し、丹生浦には武田氏重臣の内藤氏が、竹浪村には同じく武田氏重臣の粟屋氏がそれぞれ味方をした結果、裁判ではどちらが勝っても禍根を残すこととなった。そこで、武田氏は将軍に相談し、幕府として前者（丹生浦・内藤氏方）の勝訴を意見してもらい、それに基づいて、武田氏は最終的な判決を言い渡した。武田氏としては、幕府法の専門家による合理的な判断であるということで後者（竹浪村・粟屋氏方）を納得させると同時に、その不満をなるべく武田氏へは向かわせないようにしたものと考えられている。

③は摂津国の戦国大名細川氏や、同じく摂津国の戦国大名（ともいうべき）大坂本願寺のケースである。摂津国では金銭問題をめぐって住吉の浄土寺と堺の桑原道隆入道の相論が勃発したが、細川氏には関係する法についての専門知識を有するスタッフがいなかった。そこで、幕府に相談した結果、その道（幕府法）のプロからの助言を得ることに成功している。また、同じく摂津国（本願寺）では犯罪者を死罪にするか流罪にするかで悩んだ際、

やはり幕府に相談し、幕府法の判例（先例）を尋ねている。幕府は腐っても約二百年の伝統（歴史的蓄積）を有し、大名には希少かつ貴重な幕府法のプロも抱えていたのである。

対外問題

以上のように、将軍（幕府）は戦国大名の対内問題を処理するうえで必要であったが、山田によると、それ以上に重要であったのは、対外問題を処理するときであったという。

続けて、その「対外問題」を見ていこう。山田によれば、以下の点がある。

① 栄典獲得競争の有利な展開
② 情報を得る
③ 敵の策謀を封じ込める
④ 交渉のきっかけを得る
⑤ 他大名と連携する契機を得る
⑥ 内外から合力を得る
⑦ 敵対大名を牽制する
⑧ 正統（正当）化根拠の調達
⑨ ライバルを「御敵」にする

⑩　面子を救いショックを吸収する
⑪　周囲からの非難を回避する
⑫　日明(にちみん)貿易の独占

このすべてについてここで詳細に見ていくのはあまりにも煩雑になりすぎる（詳しくは山田の著書『戦国時代の足利将軍』を直接ご覧いただきたい）。そのため、以下では要点を整理しながら述べてみよう。

まず、平時（といっても戦国期ゆえ、非日常＝戦争状態が日常化＝常態化しているわけだが、常日頃戦争ばかりしていたわけでもない）、大名自身の存立にとっては周辺勢力との関係が重要事項中の重要事項であり、そのため、相手（ライバル）よりも高い地位にいること、または、相手に遅れをとっていないことが大切となり、結果、将軍には栄典（高い家格）を求め続けることとなる（①）。

次いで、戦時に移行すると、大名は敵対勢力を叩くべく、あるいは、領土防衛戦争を行うべく、将軍（幕府）の持つネットワークなども駆使して各種情報を収集し、相手の謀略を察知してそれを抑え込み（②・③）、そして、豊富な幕府の人脈も活用して第三勢力との交渉・同盟を模索し（④・⑤）、場合によっては将軍から種々の命令も下達してもらうよう依頼し、相手を封殺しようとするということもあった（⑥・⑦）。さらに、自分は将軍から支持されており、他方、相手は将軍から敵対視されている（「御敵」である）と内外に宣伝することもあった（⑧・⑨）。

そして、終戦工作の際には（戦争ははじめるよりも、おわらせるほうが難しいという）、将軍命令（上意）として和睦を下達してもらうことによって、当事者双方（自分と相手）はプライド・メンツを保ったままの和平交渉が可能となり、また、周囲・内外からの批判・不満も逸らすことができるようになる（⑩・⑪）。

そのほか、国家間（中華皇帝―日本将軍間）交易である日明貿易に参入して利益を望むこともできる（⑫）。

このように、大名にとって将軍と関係することは、さまざまなメリットがあった。すなわち、「戦国時代にいたっても多くの大名たちは、将軍と良好な関係を維持していくことはさまざまな利益をえるうえで利用価値があると考えており、また実際に将軍との良好な関係は、大名たちがさまざまな利益をえるうえで有効であった」と、山田がまとめる通りである。

そのうえで、山田は以下のように続ける。すなわち、「戦国時代の日本列島社会というと、各地の大名たちが対立しあうバラバラな分裂状態にあったというイメージがつよいが、多くの大名たちは単に対立していただけではなく、戦国時代にいたっても主として対外問題を処理する際などに将軍を利用し、いわば皆で将軍を「共用」してもいた」。そして、「互いに遠距離にあって直接交流することがない大名同士であっても、将軍を利用し、将軍を共用することによって将軍を媒介に互いに間接的に「関連」しあってもいた」のであると。

かくして、当時の日本には将軍を中心としたゆるやかなまとまりがあったとして、将軍（幕府）を国際連合のような存在と位置づける。すなわち、分裂する「いくつもの日本」（戦国大名＝主権国家）を、「共通利益」でもって統合する「ひとつの日本」（室町幕府＝国際連合）、その核心としての将軍というイメージである。

山田の目指す地平は、「戦国列島社会の全体像」であり、「「市史」「県史」のレベルではなく「日本史」レベルでの考察」であった（山田：二〇一一a）。これに自ら「共通利益論」でもって答えてみせたわけだ。

共通価値論

次に、戦国期の将軍と大名の「共通価値」を見てみよう。

この観点から説明を試みているのが、筆者である。

これについて、「共通利益」を主張する山田の近年の見解から確認してみたい。実は最近、山田もまた、「共通価値」について言及しはじめているからだ（山田：二〇一八）。

まず、山田は、自らの『戦国時代の足利将軍』などの諸成果を振り返りつつ、次のように論じている。すなわち、山田自身はこれまで、「大名たちにとって対内的（＝領国支配）な問題と、対外的（＝他大名との外交）な問題、とりわけ対外的な問題を処理する際に、将軍との関係がさまざまな利益をもたらすものであった、ということを明らかにしてきた」と。

そのうえで、次のように続ける。「いわば、「利益」（＝損得勘定）という要素に注目して将軍存続の要因を論じてきたわけだが、しかし、これだけで将軍存続の要因をすべて説明できるのか」と。つまり、「利益」「共通利益」以外の視角の可能性である。

そこで提示するのが、筆者の議論、すなわち、「価値」「共通価値」の問題である。山田は、「ここで谷口氏が、社会における価値観（規範・倫理、広くいえば社会の思潮）に着目したことは重要である。なぜならば将軍存続の要因をさぐるうえで、先にのべた「利益」という要素だけでなく、社会で共有されるこうした価値観といった要素も、また考慮に値することを示したからである」と述べているのだ。

すなわち、「共通利益論」以外に、「共通価値論」もまた、戦国期の将軍と大名の関係を見ていくうえで重要な論点となりうるということである。これは、すでに見てきたように、政治学や社会学などの諸成果からも十分に理解することが可能であると思われる。

そこで、以下、これまでの研究の死角となっていた「共通価値論」から、将軍（足利氏）の存在に迫ってみることにしたい。なお、本書の性格上、出典は簡素を基本とし、引用は表現を補足しているものもあることをお断りしておく。詳しく知りたいという方は、拙著『中世足利氏の血統と権威』（吉川弘文館、二〇一九年）も参照・確認していただきたい。

足利的秩序

戦国期の将軍と大名の共通価値とは何か。

それは、端的にいえば、足利氏が武家の最高貴種であり、大名たちにとっては唯一無二（代替不可能）の存在（頂点＝武家の王）であるという当時の思想（常識）のことである。

これは、時間的には、室町期に確立されたもので、戦国期にも根深く維持されていた。また、空間的には京都（西国）のみならず、全国（東国・奥羽・九州）でも広く見られた。

このように、中世後期（南北朝・室町・戦国期）の日本列島社会には、足利氏を武家の頂点（王）とする観念が広く存在しており、それ以外の選択肢はありえなかったのである。

図3　京都足利氏と関東足利氏系図

足利尊氏─┬（弟）足利基氏（関東公方）＝東国（鎌倉）
　　　　　└（兄）足利義詮（京都将軍）＝西国（京都）

こうした足利氏を頂点とする秩序意識・序列認識のことを、われわれは「足利的秩序」と呼んでいる。これは、まさに戦国日本（武家社会）の共通価値ともいえるものであった。

なお、西国・東国という言葉を使ったので、ここで当時の日本について確認しておこう。中世後期の武家社会は、京都の将軍（足利氏）を核とする西国と、関東の公方（足利氏）を核とする東国のふたつの地域に大きく分かれていた。つまり、日本全国が将軍（幕府）によって一元的に統治されていたわけではなかったのであり、この点は注意が必要である。

この将軍と公方はともに足利氏であり、将軍が兄（足利義詮）、公方が弟（足利基氏）の流れを汲んでいる。そして、京都の将軍が奥羽や九州に影響力を及ぼすことはあったが、鎌倉を中心（首都）とする東国には関東の公方が強い求心力を持ち続けていた。そのため、全国を見ていくうえで、関東という地域は外せず、そして、関東を見ていくうえで、公方という存在は欠かせない。

この点、従来の将軍研究では公方の存在が案外忘れられがち（盲点）であったが、将軍・公方は足利氏で、東西の頂点に君臨するなど、まさしく「足利的秩序」を体現した存在であった。ここでは関東公方（足利氏）についてもしっかりと見つめていくことにしたい。

さて、こうした価値・常識は、国際政治学者の高坂正堯もいうように、われわれ（国家・共同体）を結びつける糸ではあるが、通常目には見えない、不可視で透明な存在である。

では、どこで可視化されうるか。それは、たとえば例外状態（緊急事態）＝戦時である。

具体的に見てみると、室町期、西国の大内義弘は京都将軍足利義満に戦争を仕掛けたが（応永の乱）、このとき関東公方足利満兼を擁立し、自らはそれを支える構えをとっていた。要するに、大内氏はあくまでも不義をなす将軍個人（義満）を更迭する戦争としており、足利氏を頂点とする秩序自体への反逆ではなかったのである。

これは、その後東国で生じた上杉禅秀の乱でも然りであって、上杉氏はあくまでも不善をなす関東公方個人（足利持氏）を追放する戦争と宣言したにすぎず、それにかわる公方として足利満隆（持氏の叔父）・足利持仲（持氏の弟）を擁立・補佐する構えをとっていた。

また、その後京都将軍足利義教を暗殺した西国の赤松満祐の場合も同様であって（嘉吉の乱）、赤松氏は播磨国へ下向後、自らの新将軍に足利義尊なる人物（京都将軍足利義詮の兄弟であった足利直冬の末孫）を擁立し、自身はそれを支える構えをとっていたのである。

さらに、戦国期、応仁の乱では東西両軍がともにそれぞれ足利氏を将軍として擁立し、幕府は東西に分裂してしまった。その後（応仁の乱の終結後）、西国の細川政元は京都将軍足利義稙を更迭し、それにかわる新将軍として足利義澄を擁立・補佐した（明応の政変）。また、その後今度は西国の大内義興が（先に見た父祖・大内義弘と同じく）足利義稙を新将軍として擁立・補佐して、京都将軍足利義澄を追放した。そして、その後織田信長も足利義昭を新将軍として擁立・上洛し、足利氏の天下を支えたことはよく知られる通りだ。

このほかにも類例は多数あるが、煩雑になりすぎるためこのあたりでやめよう。要するに、武家にとって足利氏の天下はもはや自明・前提だったわけで、問題はその下で誰が支えるか（覇権を掌握するか）でしかなかった。「下剋上」の実態とはそのようなものだった。

これは、西国だけではなく、東国でも然りで、上杉氏（上杉謙信）や北条氏（北条氏康をはじめとする戦国大名は、足利氏を自らの公方に擁立し、東国の首都鎌倉へお帰り願うことを大義名分として動いていた。ゆえに、武田氏（武田信玄）も関東へ進軍する際には、足利氏（公方）の鎌倉帰還をお助けするとして戦ったのである。上杉氏・北条氏・武田氏といったなだたる戦国大名も、足利氏（公方）を前提としているというのが現実であった。

なお、武家が擁立した足利氏には子供や僧侶などもいたことから、将軍・公方個人に何か特別な政治的・軍事的能力（実利性）は求められていないということが分かる。要は、何よりもまず足利氏であるという血統（象徴性・正統性）そのものが重要だったのである。

このように、中世後期の武家にとって足利氏の天下・秩序はもはや自明であり、それを疑問視する者などいなかった。そして、その結果、足利氏を頂点として、その血を引く人々（足利氏の一族）もまた、みなこぞって特別な存在であるとみなされていったのである。このような、足利氏を最上位とし、その血統を有する者（足利一門）を上位とする（社会的な上層とみなす）思想・秩序（「足利的秩序」）が、当時の日本には存在したのである。

以上のように、足利氏を頂点とし、その血を引く者を別格の貴種とする価値観（世界観）を全国の武家は共有しており、足利氏＝「武家の王」との考えは、疑う余地のない前提となっていた。そのような「共通価値」を持つ日本列島の社会であったからこそ、戦国期にどれだけその「力」を失おうとも、足利氏が天下に君臨することそれ自体は微動だにしなかったわけである。

権威について

こうした議論は従来「権威」という言葉を用いて語られてきたものだが（よく耳にするはずの「将軍権威」というやつだ）、それは山田康弘から「よくありがちな観念論・抽象論」としてすでに一蹴されていた（『戦国時代の足利将軍』）。権威という言葉は便利だが、往々にしてそこで思考が停止し（その一言で分かった気になってしまい）、それ以上の追究、すなわち、権威の中身についての具体的な分析（内容の実証）はなされてこなかったのである。

山田自身はそこから転進し、「共通利益」の解明へと向かっていったわけだが、これに対して筆者は、山田の批判を是としながらも、なおそこにとどまって権威の証明に挑んだ。山田は将軍（京都将軍嫡流）しか見ていないようだが、将軍以外の足利氏（京都将軍庶流・関東公方）や足利一門の存在とその尊貴性を見る限り（筆者はそこから研究を開始させ、足利氏の貴種性という問題に逢着（ほうちゃく）したがゆえに）、権威こそがやはりこの問題の核心中の核心であって、そこを回避していては足利氏の説明にはならないと強く感じていたからだ。結果、権威とは、強制（力）や説得（利益）とは異なるもので、支配者側のみならず、被支配者側からも自発的に同意・共有されているもの（そこに何ら疑問が差し挟まれてはいないもの）、つまりは、共通価値や価値観の共有と同様のものと解された（アーレント：一九七二、川崎：一九九八）。

つまり、権威を成り立たせているものは、支配者・被支配者双方の価値観の共有なのであり、それゆえ、権威という概念を救済して足利氏の存立を説明するためには、足利氏側（上側）の意識以上に、戦国大名・武家側（下側）の認識を探る必要があったわけである。かくして、大名・武家側の視点に立って、各種史料から彼らの認識を具体的に炙り出し、足利氏―武家間の共通価値として問いを定義・再定立することで、権威の議論を救出した。こうした「共通価値」という問題設定からの立論であるならば、山田も是としている。ここからようやく研究は再出発する。

共通点と相違点

ここまでの内容をいったん整理しよう。なぜ、戦国期に足利氏は続いたか。なぜ、大名たちは足利氏を認めたか。その答えは、現状ひとまず「共通利益」（山田）と「共通価値」（筆者）の両面から説明できると考える。

ただし、その差異も少なくない。

たとえば、前者は「将軍」（職）という側面に注目し、後者は「足利氏」（血）という側面に着目する。また、前者は京都将軍嫡流から論じ、後者は京都将軍庶流や関東公方、足利一門も含めて論じる。そして、前者は将軍の「共用」（擁立後）に関する議論が中心であり、後者は足利氏の「擁立」（擁立時）に関する議論が焦点となる。また、前者は大名の理性を重視したやや「かたい」話となっており、後者は武家の感情を強調したやや「やわらかい」話となっていよう。さらに、前者の「将軍を利用する大名」は「国連（設立された機関）と協調する国家」（近現代世界）のイメージと重なり、後者の「足利氏を支持する武家」は「皇帝（獲得された象徴）と共存する国王」（前近代西欧）のイメージに連なるはずだ。

ちなみに、この「皇帝」と「国王」という像は戦国日本を見た西欧人（宣教師）の記録からも確認されるところである（松本：二〇二〇）。なお、現在、「領邦（りょうほう）の分立」や「有名無実な神聖ローマ帝国」などというイメージ（有力な地域国家、無力な神聖皇帝）も徐々に見直しが進み、西欧の帝国・皇帝の位置づけ・存在感は再検討されているようで（皆川：

二〇二〇）、このあたり、日本の幕府・将軍研究の現状（再評価）と近似しているだろう。

ともあれ、両者（共通利益論と共通価値論）のあいだには、微妙かつ少なからぬ分岐も存在しているわけであるが、「利益」と「価値」というふたつの側面・議論は相互補完的に共在しているのであって、どちらか一方だけが排除されるというわけではなかろうと思う。

要するに、分裂する「いくつもの地域」を統合する「ひとつの日本」、その中心には将軍・足利氏がいて、その求心力は「利益」と「価値」の両面から説明されるということである。そして、山田も筆者も、個別具体的な実証成果を踏まえたうえで、理論面・全体像も積極的に打ち出していこう（昨今の前近代研究者が避けがちな、概念をめぐる議論＝「空中戦」にも真正面から向き合っていこう）という問題提起的な姿勢に満ちたものとなっている。

では、戦国日本の共通価値（足利的秩序）は、果たしてどのように成立し、そして崩壊していったのか。ひとつの権威が生まれ、死んでいくまでにはいかなる経緯があったのか。

この点、日本の共通価値といえば、将軍（足利氏）のほかに、天皇もいた。だが、天皇は今に存続し、将軍（足利氏）はすでに滅亡したわけで、両者を分かつものはいったい何だったのか。本書では、煌めいていたはずの価値・権威が失われてしまう瞬間をとらえてみたい。

中世前期（鎌倉期）にはまだなく、近世（江戸期）にはもうない、中世後期（南北朝・室町・戦国期）固有の武家の価値観、すなわち、足利氏を最上位とし、足利一門を上位として、非足利一門（大名・武家）がそれを支えるという秩序意識・序列認識（足利的秩序）。以下、その形成・確立・解体を眺めながら、共通価値・権威の謎に迫っていきたいと思う。

足利絶対観の形成

上からの努力

足利絶対観の濫觴

中世後期（南北朝・室町・戦国期）には、足利氏を最上位とし、足利一門を上位として、非足利一門（大名・武家）がそれを支えるという秩序意識・序列認識、すなわち、足利的秩序が存在した。当時、全国各地の武家たちは、こうした価値観を共有していたのである。

だが、そのような共通価値は、中世前期（鎌倉期）にはなく、近世（江戸期）にもない。すなわち、中世後期という時代だけに見られる歴史的な存在（「創られた伝統」）である。

では、それはいかなる経緯で創出され、また、自明なものとして受容されていったのか。以下、その謎を解いていくつもりであるが、あらかじめ結論（見通し）を述べておくと、

①足利氏が「対抗可能な存在」から「武家の王としての存在」に変化したのは、室町幕府創成（十四世紀前半）から半世紀以上も後の、十四世紀末頃、京都将軍足利義満の時期であり（足利絶対観の形成）、②そして、この足利絶対観は、足利の血統を特別視する思想を生み出し、結果、足利一門もまた儀礼的・社会的に上位・上層の存在とみなされていった（足利的秩序の成立）。③こうした一連の事態はもちろん自然に訪れたわけではなく、当然ながら足利氏によるたゆまぬ努力―暴力（ハード）による支配と、イデオロギー（ソフト）による支配―の賜物であった、ということになるが、どういうことか、説明が必要だろう。

相対的な尊貴性から

はじめに、足利氏が「武家の王」であることが自明となっていく場面から見ていくが、ここで確認しておくべきは、足利氏は本来、「武家の王」ではなかったという事実である。

いうまでもなく、鎌倉期には源氏将軍（源頼朝、源頼家、源実朝）・尼将軍（平政子）・摂家将軍（藤原頼経、藤原頼嗣）・親王将軍（宗尊親王、惟康親王、久明親王、守邦親王）という十人の鎌倉将軍が百五十年近くも君臨していたわけで、足利氏は将軍ではなかった。というよりも、むしろ、将軍を支える御家人のひとりにすぎず、「武家の王」などではまったくなかった。

ただし、足利氏は卑弱な一御家人ではなく、実力・身分ともにそれなりに有力ではあった。否、高い家格、守護の分国、全国の散在所領、それを支えるスタッフ（一門・被官）など、執権・得宗として鎌倉将軍を支えた北条氏に次ぐレベルであり、かなりの存在ではあった。

しかし、それでも北条氏の庶流（赤橋家・金沢家）らと同等のクラスであって、また、元亨三年（一三二三）の『北条貞時十三年忌供養記』という史料（「円覚寺文書」）には、北条氏・足利氏のほか、安達氏・摂津氏・長井氏らにも「殿」がつけられていることから、鎌倉期における足利氏の尊貴性は相対的なものであったと見られている（鈴木：二〇一六）。実際に、鎌倉御家人の結城朝光も足利義氏との対等を主張し、幕府もこれを承認していた（『吾妻鏡』宝治二年閏十二月二十八日条）。

その後、鎌倉討幕を経て、建武政権（後醍醐天皇）から離れると、足利氏は徐々に周囲から「将軍家」と呼称されはじめる（家永：二〇〇七）。これは、足利氏（尊氏）が正式に将軍（征夷大将軍）となる建武五年（一三三八）よりも以前の出来事であるから、当時の武家の認識として非常に注目される。

だが、それによって足利氏が武家のなかで唯一的・絶対的な存在となったわけではないことにも注意を払う必要がある。その後の南北朝期にも、たとえば、先に見た結城氏などは足利氏と対等という意識を持ち続けているなど（高橋：二〇〇八）、足利氏の尊貴性は依然相対的なものにすぎず、同氏が貴種性を独占するとの事態にはいまだいたっていなかった。

絶対的な貴種性へ

このことは、足利氏がいまだ対抗可能な存在にすぎず、「室町将軍」＝「足利氏」という構図も十分に打倒されうることを意味する。なぜなら、鎌倉幕府の一御家人だったはずの足利氏でも新たに将軍になれたのならば、別にほかの武家でも将軍になれるはずで、「室町将軍」＝「他氏」という構図であっても理論的・現実的に何ら問題などないはずだからだ。

たとえば、先に見た結城氏は鎮守府将軍藤原秀郷(ひでさと)の末裔という武家の名門であり、同時に、それなりの軍事力も有していた。ゆえに、「室町将軍」＝「結城氏」という構図も、状況が状況ならばありえたはずであり、それは結城氏以外の各地の大名であっても同じである。

これは全国の武家にとってはチャンスだが、足利氏にとってはピンチである。そのため、足利氏としては「対抗可能な存在」（相対的存在）から「武家の王としての存在」（絶対的存在）へと変化していく必要に迫られた。ここで足利氏が選択した方法が、暴力でもってライバルを圧倒し服属・沈黙させていくこと、そして、足利氏に挑戦するという発想そのものを相手の脳内から永遠に消し去ることだった。前者は戦争、後者はイデオロギー工作というかたちをとって、ハード・ソフトの両面から足利氏はそれを着実に遂行していった。

前者の戦争については、足利尊氏や、それを継承した西国の足利義詮（室町幕府）、東国の足利基氏（鎌倉府。鎌倉府とは、室町幕府の関東統治機関である）による打ち続く反乱の鎮圧があって、一般的にもそれなりに知られているかもしれない。

だが、後者のイデオロギー工作については、あまりよくは知られていないだろうと思う。しかし、学界的には一定の研究蓄積があり、すでに重要な提言がいくつもなされている。そのひとつが、「源氏嫡流工作」というものである。これは、足利氏が、自らこそ源氏の嫡流であるということを内外に宣伝し、周囲にその正統性を主張していったというものだ。

たとえば、源義家が「我が七代の孫に吾（義家）生まれかはりて天下を取るべし」と置文（遺書）を残し、その七代目にあたるも時節の到来しなかった足利家時が「（さらに）三代の中に天下をとらしめ給へ」と置文を残して、まさにその遺言を実現したのが足利尊氏であった（尊氏は家時の孫にあたる）という『難太平記』に見える記事がその典型例である。

また、源頼朝（鎌倉幕府初代将軍）と足利尊氏（室町幕府初代将軍）を重ね合わせる話をはじめ、足利氏を別格化する類似の話は『太平記』『梅松論』『明徳記』などにも見える。つまり、かつての源氏の将軍（源氏の嫡流）たちと、いまの足利氏を、つなげ、重ねることで、足利氏の正統化が図られたというわけである（川合：二〇〇四、市沢：二〇一一）。現在、足利氏の別格化は、「源氏嫡流工作」以外、足利氏に対する贈位・贈官（故人への顕彰）の集中などという事象からも指摘されており、足利氏はさまざまな方法で自らの立場を強化しようとしていたと考えられている（山田：二〇一五）。まさに、イデオロギー工作・宣伝による正統性・絶対性の調達・獲得である。

大名・武家から見る必要性

このあたり、新しそうに見えるかもしれないが、実は古くからある伝統的な議論である。

室町幕府研究の基礎を構築した佐藤進一が、「当時にあって将軍の候補者たりうる豪族は二、三にとどまらなかったにちがいない。足利氏の将軍としての地位を正当化するのは、ぎりぎりのところ実力と北朝による承認だけであるが、南北朝対立の状況のもとでは北朝の承認も相対的価値しかもたない。ここに足利将軍絶対の観念をつくり出し、浸透させる必要が生じたのである」と、すでに半世紀以上も前に述べていたからだ（佐藤：一九六三）。

佐藤は、足利氏が秩序を形成していくうえで何よりもまず重要だったのは、同氏がその頂点たらんとした努力であったとして、暴力に加えて、さまざまなイデオロギー工作によって、足利氏は別格化（足利絶対観の構築）を図ったと主張している。こうした佐藤の見通しを、以後の研究者たち（筆者も含めて）は実証・補強してきた（している）というわけである。

では、かかる上（足利氏）からの工作・努力は、実際に下（大名・武家たち）にも浸透していたのだろうか。この受け手の側の認識・実態こそ、次に問われなければならない。そこで、以下、大名たちが現実に足利氏を武家の頂点と認めたのか、確認してみたい。

ここで重要な指標となるのが、彼らが足利氏に反乱・戦争を仕掛けるとき、形式的に別の足利氏を擁立するか否かである。剝き出しの状態で足利氏に挑むのか（「足利」対「他氏」）、それとも別の足利氏を旗頭に立てるのか（「足利」対「足利」）が決定的な分かれ目となる。前者なら他氏でも「武家の王」を狙える状況にあり、後者ならそれはもう失われているからだが、結論からいえば、十四世紀末頃が大きな分岐点となっていたということになる。

下からの支持

ここからは、大名たちが現実に足利氏を武家の頂点と認めたのかどうか確認していくが、その際、彼らが足利氏に反乱・戦争を仕掛ける場合に、形式的に別の足利氏を擁立したか否かに着目する。剝き出しの状態で足利氏に挑めるかは決定的な指標となるからである。

十四世紀末頃以前

まず、十四世紀末頃以前の状況から確認しよう。

結論からいえば、この段階では足利氏は大名たちから対抗可能な存在として剝き出しの状態で挑まれており、必ずしも「武家の王」とは認められていなかったということになる。

確かに、足利氏は現実に将軍で、絶対化の途上にはあった。

たとえば、観応の擾乱前後、九州では有力武家の河尻幸俊・少弐頼尚らが足利直冬（足利尊氏の子）を擁立して、尊氏勢力（九州探題一色道猷）・南朝勢力（征西将軍宮懐良親王）と対抗している。

また、延文五年（一三六〇）、京都では仁木義長と、細川清氏・畠山国清らの有力者同士が対立した際、双方ともに足利義詮（足利尊氏の子）を支えると主張し、結果、義詮の在不在（義長のもとからの義詮の離脱）が勝敗を大きく左右したと『太平記』は記している。この仁木義長失脚事件で、『太平記』は足利氏（王）の争奪戦という状況を強調し、足利氏への「下剋上」を忌む武家の心性を活写しており、足利氏の存在感のほどがうかがえる。

だが、このような事態（感覚）は、当時まだ必ずしも一般化していたわけではなかった。というのも、まさに同じ『太平記』が、翌年の事件を次のように描いているからである。すなわち、康安元年（一三六一）、京都では仁木義長を追い落とした細川清氏が足利義詮の天下を奪い（清氏は義詮を呪詛したらしい）、鎌倉では畠山国清が同時に挙兵するという陰謀があったとして、それが結局両者の失脚事件にまでつながったとしているのである。『太平記』を批判した『難太平記』（同じ時代を生き抜いた今川了俊の作品）によれば、この謀略は事実ではなかったようだが、ここでは、先の仁木義長失脚事件とは異なって、挑まれうる、いまだ危うい足利氏の姿が『太平記』において描き出されていることこそが重要である。要するに、足利氏の天下はまだ必ずしも自明ではなかった。

このことは、同時期の東国で、芳賀禅可・河越直重・宇都宮氏綱らが、別の足利氏も、南朝も奉じることなく、剝き出しの状態で足利氏と対抗していることからも裏づけられる。また、今川了俊も、足利氏に容易にはへりくだらぬ一族たちの姿を回顧しているが(『難太平記』)、こうした流れのうえに位置するのが、足利一門の有力大名・山名氏清である。

明徳二年(一三九一)、西国では山名氏清が足利義満(足利義詮の子)と対決した。乱後すぐに成立したとされる『明徳記』は、山名氏が天下を取っても何の問題もないと記し、足利氏にも「当家(足利氏)の運と山名一家(山名氏)の運とを、天の照覧に任すべし」と語らせている。事実、山名氏は、別の足利氏も、南朝も奉じた明証もないまま、足利氏と全面戦争を行い、壊滅していった。つまり、足利氏の天下はいまだ自明ではなかった。

このことは、同時期の東国で、小山義政が、やはり別の足利氏も、南朝も奉じた明証もないまま、剝き出しの状態で足利氏と対抗していることからも裏づけられるところである。

以上のように、十四世紀末頃以前は、「足利」対「他氏」という構図が一般的であった。換言すれば、戦争で足利氏を打倒しさえすれば誰でも「武家の王」となりえたわけである。南北朝期、丹波国の荻野朝忠という地方武家でも、「今更人（足利氏）の下手に立つべきにあらず」と豪語し、「近来将軍を恨みたてまつる事あり」と挙兵したというごとくである（『太平記』）。

それが、十四世紀末頃になると、状況が一変してくる。すなわち、足利氏が武家の頂点に君臨することが次第に一般化してくるのであり（「足利」対「足利」という構図の普遍化）、他方、大名・武家はあくまでも将軍・足利氏を補佐するという立場になっていくのである。

十四世紀末頃―足利満兼と大内義弘（西国）

具体的に見ていくと、応永六年（一三九九）、西国では大内義弘が足利義満と対決した。その際、義弘は、別の足利氏（関東公方足利満兼）を擁立し、西国から上洛、和泉国堺に上陸したが、そこで以下のような文書を出した（『寺門事条々聞書』応永六年雑々聞書）。

(A)足利満兼御判御教書写（関東公方足利満兼から御判御教書が下された。その内容は以下の通り）

私（関東公方足利満兼）は、天命を奉じて、暴乱（京都将軍足利義満）を討ち、いままさに国を鎮め、民を安らかにしようとしている。まっさきにこちらへ参上して忠義を尽くしたならば、特別に褒め称えよう。以上。

応永六年七〔十カ〕月廿五日　源（足利満兼）朝臣判

南都衆徒御中

（表書には「南都衆徒御中　（足利）満兼」とある）

(B)大内義弘副状写（大内義弘の副状がある。その内容は以下の通り）

鎌倉御所（足利満兼）が京都へ御進発なさいます。忠義を尽くして下さいましたら、ありがたく思います。そのため、関東公方から御判御教書(A)が下されました。御請文（うけぶみ。(A)を受領・了承した旨、記した上申文書）を提出して下さいますでしょうか。恐れながら謹んで申し上げます。

（応永六年）十月廿八日　（大内）義弘判

南都学侶御中

(A)は満兼のもの、(B)は義弘のもので、ともに大和国の興福寺にあてて味方になるように軍勢催促したものである（いずれも原本ではなく、写し）。(B)は(A)に付して、その内容をより詳しく記したもので、「副状（そえじょう）」と呼ばれる。

すなわち、義弘は満兼を上意とし、その副状を発給する立場（補佐役）として挙兵したわけである。義弘は、義満の政道を諫めるという大義名分を掲げて、（義満にかわり）満兼を奉じて蜂起したのであり、足利氏の天下そのものを打倒しようとしたわけではなかった（『寺門事条々聞書』応永六年雑々聞書、『堺記』）。

あわせて、この反乱に加担した今川了俊（りょうしゅん）の主張も見てみよう。了俊も「今天下の為とて鎌倉殿（満兼）思（おぼ）し召し立つ事、御当家（足利氏）御運長久といひ、万人安堵を成すべし」とし、「只御当家（足利氏）の御中に天下をたもたせ給ひて、政道の正しかるべき（方を）仰（あお）ぐべし」と述べている（『難太平記』）。要は、了俊にとっては、誰がよい足利氏であるかが問題なのであって、足利氏の天下自体は自明であり、そこに何ら疑問は存在していなかった。

このことは、足利満兼にとっても同じであった。

満兼も、義満の政道はあまりにも問題が多く、そのようなことが続くと他氏に天下を奪われかねず、それゆえに足利氏の滅亡を防ぐべく、自身が挙兵したのだと主張していた（『難太平記』）。満兼にとっても、個人の不正を糺し、足利氏の天下を守るための戦い、足利家の永続を図るための戦争だったのである。

結局、義弘は義満の前に滅び、満兼も関東管領（関東公方の補佐役）上杉氏の諫言を受けて対義満戦を中止した。なお、満兼は、先ほど見た御判御教書のなかで、「天命を奉じて、暴乱を討つ」と述べている。これはまさしく易姓革命の論理そのものであるが、ここでの革命とは、同一の血統のうち、有徳の別人を奉じるかたちがとられており、足利氏の天下自体は不変ということが分かり、姓を易えるべき革命ではなくなっていることが知られる（村井：二〇〇五）。

なお、つい最近、義弘は、全国的には満兼を擁するのと同時に、中国地方ではどうやら「足利義氏」なる人物（足利直冬の末裔と見られる）も掲げていたことが分かってきた。備後国の山内氏や安芸国の児玉氏など、中国地方の武家にとっては東国の満兼よりも西国の義氏のほうが親しかったのであろうか。いずれにしても、このケースにおいてもやはり足利氏が武家の頂点として奉じられていたわけであって、義弘の認識が改めて確認されるところである（中根：二〇一八）。

以上のように、足利氏に対する反乱・戦争において、剥き出しの状態で覇権を争う構図から、別の足利氏を奉じて首都を目指す構図へと、時代は大きな曲がり角を迎えており、以後、戦国期にいたるまでこの論理形式（「足利」対「足利」の構図）が一般化していった。

十四世紀末頃以後—足利満隆と上杉禅秀（東国）

たとえば、応永二十三年、東国では前関東管領であった犬懸上杉禅秀が、関東公方足利持氏と現関東管領である山内上杉憲基を急襲し、関東の首都鎌倉を一時制圧したが、このとき、禅秀は持氏の叔父にあたる足利満隆（さらには持氏の弟にあたる足利持仲も）を新たな関東公方として擁立し、自身はその補佐役・副状発給者となっていた。また、彼らのロジックも、持氏による不義の政道がこれ以上積み重なったら、足利氏の天下は消え去ってしまうので、それだけは防がなければならないというものだった（『鎌倉大草紙』）。

結局、反乱は失敗し、禅秀は自害するが、彼は足利氏の天下を前提に行動していたことが分かる。先に見た大内義弘のロジックと酷似していることがうかがえるはずだ。

大覚寺義昭と山名持熙（西国）

同じく、永享九年（一四三七）以降、西国では大覚寺義昭（京都将軍足利義教の弟）が反乱を起こし続けるが、ここでも彼とその周辺の主張は同様である。義昭を最初に支えたのは山名持熙（山名宗全の兄）

で、彼は義昭を擁立して備後国府で挙兵し、上洛も企てたが、即座に鎮圧された。大和国天川へ逃れた義昭を次に支えたのは一色某と佐々木某で、その後、義昭は南九州へ逃れるが、そのあいだ、彼は義教の政道は非道であり、足利家を永続させるのは足利義持の猶子たる自分だと宣伝し、軍勢を催促していた（「鬼束家文書」）。

結局、島津忠国からの攻撃を受けて義昭は自害するが、ここで注目すべきは、その介錯役を引き受けた山田聖栄という人物が、「（義昭を）忝くも手に懸け申しおわんぬ、夫より生害（自害）を仕らんと存じ候」と、介錯役として義昭を畏れ多くも手にかけてしまったということで、自殺を図ろうとしたと回顧していたという事実である（『山田聖栄自記』）。

もう一点、着目すべきは、京都に到着した義昭の首が、逆賊の首ということであれば、通常は室町殿西面四足門にて実検する（将軍は門内に立ち、門外に置いた首を確認する）のであるが、義昭は「御舎弟の貴きに依って」ということで、首は道場の内に置き、義教自身は門外に立って実検を行っていたという事実である（『建内記』嘉吉元年四月十日条）。

このように、義昭が貴種であるとの認識が都鄙で（中央と地方、京都将軍から地方武家まで）確認されることは大いに注目に値する。人々（山名氏・一色氏・佐々木氏）はそのような貴種・義昭（別の足利氏）を擁立して、義教（眼前の足利氏）と戦ったわけである。

足利持氏遺児と岩松持国（東国）

やはり同じく、永享十二年以降、東国では岩松持国が、関東公方足利持氏の遺児（足利安王丸・足利春王丸・足利万寿王丸）たちを奉じて、その補佐役・副状発給者となり、関東の首都鎌倉の奪還を目指している。同十一年に、持氏が永享の乱（京都将軍足利義教・関東管領上杉憲実との戦争）で自害すると、持国や桃井憲義・結城氏朝などが指揮官となって、持氏の遺児や残党たちとともに東国で挙兵し、京都将軍・関東管領と対峙したのである。

結局、安王丸・春王丸は捕縛され、美濃国にて処刑されたものの、万寿王丸は生き続け、のちに足利成氏として関東公方に就任することとなるが、ここで持国や憲義・氏朝の場合も、やはり「足利」対「足利」の構図をとっており、足利氏の天下は自明だったことが分かる。

足利義尊と赤松満祐（西国）

もうひとつ、嘉吉元年（一四四一）、西国では赤松満祐が、京都将軍足利義教を弑すと、播磨国へ下向、新たな京都将軍として足利義尊（足利直冬の末裔。備中国の禅僧だったが、播磨国へ移動して還俗した）を擁立し、自身はその補佐役となって、上洛を図っている。

これに対して幕府首脳も、満祐が足利氏の誰かを奉じるであろうことは、もはや想定の範囲内であって、そのため、それを防ぐべく、在京の足利氏（禅僧）を保護・監視したり、在国の足利氏（備中国の禅僧で、播磨国へ向かおうとした義尊の弟）を殺害したりして、満祐の先手を確実に打ってはいた。けれども、義尊を推戴(すいたい)されてしまったというわけだ。

以上のように、十四世紀末頃以降、足利氏に対する反乱・戦争に際して、別の足利氏を奉じて首都を目指す構図が一般化してくるのである（「足利」対「足利」の普遍化）。換言すれば、京都将軍・関東公方個人には反逆しても構わないが、足利氏の天下そのものへの挑戦はなくなり、むしろそれを前提として、自らは足利氏を支える（管領的・副状発給者的）立場となって、首都（京都・鎌倉）への進軍、覇権の掌握を目指していくわけである。

注意すべきは、擁立された足利氏が、遺児や禅僧などだったことからも分かるように、彼らに何か特別な政治的・軍事的能力などは特には求められていないということである。

要するに、彼らに期待されたものの核心は、即物的な利益ではなく（あればベターだが）、あくまでも象徴的な価値なのであって、つまりは、足利の血統であるということに尽きる。そして、ここにおいては奉戴する側（武家）の意向こそが重要なのであって、推戴される側（足利氏）の動向は基本的に無関係である。子供であれ僧侶であれ、足利の血統というだけで反乱軍からは擁立されてしまう可能性があり、体制側からは危険視されるのである。ここに、「武家の王」としての足利氏像、足利氏の権威が確立していることが分かるはずだ。頂点としての足利氏は武家の前提となり、他氏はそれを支える存在になったのだから。

以上のように、足利氏に対抗できる者はかたちのうえではもはや別の足利氏だけ（「足利」対「足利」の構図のみ）であって、それ以外の選択肢には納得しない（「足利」対「他氏」などありえない）という世の中（価値観）が、武家間にようやく固定・定着したのである。

戦国期でも

こうした「共通価値」が真価を発揮するのは、むしろここからである。具体的に見ていくと、まず、十五世紀中葉、応仁の乱では東西それぞれの陣営が、自らの将軍を抱えたため、足利氏は分裂したものの、同氏が王であるという構図は不変だった。

その後、十五世紀後半、明応の政変では細川政元が、足利義稙（よしたね）（現京都将軍）から足利義澄（よしずみ）（新京都将軍）へ、将軍個人を交替させたものの、足利氏の天下自体は自明であった。そして、十六世紀に入ると、大内義興（よしおき）が、追放された足利義稙（前京都将軍）を奉じ、

図4　足利氏と武田氏系図

源頼義┬（兄）源義家─足利尊氏─足利義昭
　　　└（弟）源義光─武田信武─武田信玄

その副状発給者となって、西国から上洛、和泉国堺に上陸し、足利義澄（現京都将軍）を掃討したが、これなどはまさに先ほど見た父祖・大内義弘の行動パターンと同じであろう。

こうした構図の延長線上に織田信長による足利義昭の擁立・補佐・上洛があるのである。東国でも事態は同様である。

上杉氏・北条氏・佐竹氏・里見氏ら関東の大名も、自らの足利氏（関東公方）を奉じ、自身は関東管領的なポジションとなり公方を補佐するかたちで、首都鎌倉を目指している。たとえば、武田信玄も、足利氏（関東公方足利藤政）を擁立し、公方の鎌倉帰還のために尽力すると主張して、北条氏康・氏政父子と戦っているのである。対する北条氏もまた自らの足利氏＝関東公方足利義氏を推戴し、自身は関東管領であると、長年宣伝してきた。

武田氏の場合、代々足利氏は兄であり、武田氏は弟であるという自己認識を持っており、古代には源義家を源義光が、南北朝期には足利尊氏を武田信武が支えたという自負があり、それゆえ、関東のみならず、京都へ向かうときにも、京都将軍足利義昭（兄）を武田信玄（弟）が補佐すると意識していたことが知られる（「天正玄公仏事法語」）。ただし、足利氏は武田氏を弟と見ていなかったが)。他方、上杉氏・北条氏・里見氏の場合は、関東管領や副将軍などの役職を語っており、それぞれが足利氏を支えるため独自の論理を構築していた。

こうしたシステムは「公方―管領体制」と呼ばれ、室町・戦国期の関東を貫く基本路線であり、伝統的秩序であった(佐藤：一九八九)。

このように、戦国期に入ると足利氏は自らの支配装置のうち、権力部分については後退させていった。大名が徐々に下国(げこく)・在国し、自らの地域国家にあって、将軍の言うことを聞かなくなっていったからだ。だが、権威部分については強固に存続した。全国の武家がなおも足利氏を王とする発想を保持し続けたからだ。

暴力とイデオロギーの支配のうち、前者を喪失しても、後者は依然有効に機能していたのであり、支配者にとって共通価値を創出しておくことの重要性がうかがえるだろう。

小山・結城一族からの定点観測

以上のように、十四世紀末頃にひとつの大きな転換点があった。すなわち、別の足利氏を奉じることなく目の前の足利氏(京都将軍・関東公方)に挑戦することが可能であった時代から、足利氏が頂点にいることが自明となる時代へ。「足利」対「他氏」の構図から、「足利」対「足利」の構図へ。このように、十四世紀末頃を画期(境)として、足利氏に対するイメージが社会的に大きく変わったのである（「対抗可能な存在」から、「武家の王」へ）。

こうした変化を、あるひとつの武家から一気に確認・眺望してみたい。

その武家とは、東国の小山・結城一族（藤原姓を名乗る関東の同族で、鎮守府将軍藤原秀郷の末流という武家屈指の名門）である。

この一族を選んだ最大の理由は、彼らのその対足利氏観が、極めて希少かつ貴重なことに、中世（鎌倉期～戦国期）を通して定点観測可能であるからにほかならない。

まず、十四世紀末頃以前だが、鎌倉期、結城朝光は足利義氏と同等の礼を主張しており（『吾妻鏡』宝治二年閏十二月二十八日条）、また、南北朝期の十四世紀前半、結城宗広は「足利を頂戴すべからず」と述べていた（北畠親房事書「岩代相楽結城文書」）。そして、十四世紀後半、小山義政は別の足利氏を奉じることなく関東公方足利氏満と戦って滅びた。

こうした流れがかわってくるのが、嘉慶年間（一三八七～八九）頃で、結城直光は足利氏だけが諸侍から「首頂」と仰がれている理由を問い、それに当然（「申すもをろかや」）と答えている（『源威集』）。そして、「国は日本、人は源姓（足利氏）一流に限る」のだとまで藤原姓の結城氏は述べている（これは、かつて平氏の時代の「平家にあらずんば人にあらず」を彷彿させる言葉だ）。つまり、足利氏の絶対性が説かれるにいたるのである。ただし、ここでは理由が問われているので、絶対性への過渡期といえ、以後本格化していく。
たとえば、永享年間（一四二九〜四一）頃以前、結城氏は、実は自分の家は源頼朝の末裔（頼朝の子）だと語り出し、それが南九州にまで伝わっている（『酒匂安国寺申状』）。そして実際に戦国期には源姓を名乗っていることが確認される。結城氏は鎮守府将軍藤原秀郷の苗裔だが、そうした誇り高き一族の末裔という事実を捨て去ってまでして、本当は源氏だと宣伝しているわけだ。室町期、源頼朝の子孫は足利氏の一族として扱われたので、結城氏もそうした地位・立場を狙って頼朝由緒を語ったのではないかと考えられている。

また、永享十二年、結城氏朝は、関東公方足利持氏の遺児である足利安王丸を「征夷将軍」と奉じて戦い（簗田景助奉書「加茂部文書」）、戦国期、小山高朝も、その書状のなかで、関東公方足利高基・晴氏父子を「関東の将軍」と呼んでいる（「佐八文書」）。そして、結城氏広や小山成長らは、その書状において、関東公方足利成氏・政氏父子に対する「累祖の本意に違わぬ」忠誠心を語っている（「東京大学白川文書」「秋田藩家蔵文書」）。

この流れの極北に位置するのが、近世の結城晴朝である。慶長十二年（一六〇七）、彼は、結城家は朝光以来十七代、晴朝にいたるまで一度も不忠者はなかったとし、ゆえに将軍家から重視され、関東公方足利義氏を補佐したと自家の来歴を回顧している（『結城家之記』)。

以上のように、小山・結城一族の対足利氏観(足利氏をどう見たか)を一気に展望してみても、やはり十四世紀末頃をひとつの境として「対抗可能な足利氏」像から「武家の王としての足利氏」像へと大きく変化・旋回していた様子がよく分かるのではないだろうか。

権威のメカニズム

イデオロギーによる支配

では、このような変化（十四世紀末頃の画期）の背景には、いったい何があったのだろうか。

この点について重要な指摘をしていたのが、やはり室町幕府研究の礎を築いた佐藤進一である。改めて確認すると、佐藤は、「当時にあって将軍の候補者たりうる豪族は二、三にとどまらなかったにちがいない。足利氏の将軍としての地位を正当化するのは、ぎりぎりのところ実力と北朝による承認だけであるが、南北朝対立の状況のもとでは北朝の承認も相対的価値しかもたない。ここに足利将軍絶対の観念をつくり出し、浸透させる必要が生じたのである」と述べて、「源氏嫡流工作」など、上（足利氏）からの努力が重要だと指摘していた（佐藤：一九六三）。

このように、足利絶対観の共有は、足利氏によるイデオロギー工作とその浸透の賜物であったといえようが、同時に、「なぜ、画期が十四世紀末頃だったのか」を考えるうえで、佐藤が次の点も強調していた事実は見逃せない。すなわち、「義満の時代に広汎詳細な故実や家格制度が作り上げられて、後代より佳例として尊重されたことも、既成事実の集成や制度化でも、伝統尊重でもなく、将軍の側で行った将軍家絶対観確立の努力を語るものと理解されるであろう」と（佐藤：一九六三）。佐藤は、儀礼研究の大家・藤直幹（ふじなおもと）もひきつつ、イデオロギー装置としての役割を果たすものとして儀礼に注目し、その整備に着目した。

ここでいう儀礼とは、たとえば、将軍との挨拶に際しての規範である対面儀礼、道で出会った場合に守るべき路頭礼（ろとうれい）、手紙のやりとりに関するルールである書札礼（しょさつれい）、年始から年末まで春夏秋冬に繰り広げられる幕府の年中行事・参詣行列など、広く日常・非日常・恒例・臨時に行われるものの総体であり、それら諸儀礼での武家の「位置」「距離」が身分・家格に応じて徐々に決定されていったのである。ときに、京都将軍足利義満の頃の話である。

図５　足利将軍若宮八幡宮参詣絵巻（京都市若宮八幡宮社所蔵，京都市歴史資料館提供）

そして、こうした儀礼が繰り返されることで、将軍―大名の主従関係は確認されていき、また、武家相互の序列も可視化されていくことが予想されるわけで、儀礼の政治的効果が予期されるのである。実際に、十四世紀末頃に西の室町幕府、東の鎌倉府がそれぞれ体制基盤を固めるとともに、儀礼制度・身分階層的序列も整えていたことが解明されており、佐藤の指摘はその後の研究者からも支持されている（二木：一九八五、佐藤：一九八九ａ）。

つまり、「武家の王としての足利氏」像の確立には、足利氏が大名を暴力で圧倒したこと（ここには、打倒された勢力を見た武家が、足利氏に抵抗せず、協力・協調する道を選び、将軍とともに歩み、幕府を支えることで、利

図6　福地源一郎

益・安定を得た場合も含む)、そして、各種の工作や儀礼などを通してイデオロギーを浸透させていったことがあったと想定されるのだ。宣伝工作が繰り返されることで脳内が誘導され、儀礼行為が反復されることで身体が調教される。そして、その行動が意識を規定・合理化・正当化していく(「認知不協和理論」)。結果、体制的イデオロギーを内面化した人間が誕生し、「共通の価値」は調達されていく。

これは、中世日本・足利家の場合に限らず、時代や地域を超えて普遍的なものだろう。

他時代・他地域の場合—近世日本・徳川家

たとえば、近世日本・徳川家の場合も、諸大名を武力で圧倒したことはいうまでもないが、その権威の確立には儀礼を整えたことが大きく、江戸に上り、登城してから着座するまでのあいだに、大名たちは身分に応じた「位置」を徹底して思い知らされ(この大名はここまで、あの大名はそこまで、といった具合に)、そして、その頂点に座す将軍に対して平伏行為を繰り返していくうちにその権威・威光は心に深く刻み込まれていったとされている（渡辺：一九九七）。

この点、徳川家の幕臣だった福地源一郎（桜痴）も、明治二十五年（一八九二）に上梓した『幕府衰亡論』のなかで、江戸幕府・徳川将軍家が長く強固に存続した第一の理由を、「二百七十余年の久しきに因襲せる厳重なる慣例・格式・作法・礼儀等にて形而下（形式のあるもの）を検束し、遂に形而上（形のない精神的なもの）に及ぼし、天下の諸侯を籠絡したること」だと回顧・結論していることは、当時の感覚・声として非常に重要だろう。

近世フランス・ブルボン家

また、近世フランス・ブルボン家の場合も、「儀礼や象徴は、形だけで実質を伴わない、取るに足らぬしきたりなどでは決してない。全く反対に、それはまさに形式を持ち、くり返されることによって、ひとびとのからだとこころを深く捉える」として、王の儀礼こそが、ブルボン家の権威確立に不可欠であったと考えられている。王の近くまで行けるのはいったい誰か。そこでは他者との小さな差異が、大きな問題となって立ち現れてくる。そして、その競走がいったんはじまると、中心価値からの「距離」で、王を称え、他者を蔑む心理構造＝「侮蔑の滝」（カスカード）ができあがり、そのゲームから抜け出すのは至難の業となる。

それが、①ヴェルサイユに象徴されるような、王を直接取り巻く宮廷社会において日々

図7　ルイ14世

繰り返されている儀礼（王の儀礼体系の中核部分を構成）、②王がより開かれた場に立ち現れ、人々との関わりのなかで執り行われた国家儀礼（王の葬儀、成聖式、入市式、親裁座、瘰癧患者に対する王の治癒儀礼、教会で行われる神への感謝式テ・デウム、修道行列、王の行幸、王主催の祝祭）、③より広く、近世政治文化における王の儀礼（彫像、メダイユ、刷絵による王の図像の流布といったイメージ戦略）などから詳しく検討されている（二宮：一九九〇）。

この点、より根源的に、なぜ本来自分と同等でしかなかったはずの者を、王とみなして服従し続けたのかも問われた。これに対して、「最初の一撃」は暴力であったとしたうえで、眼前の人物を王ならしめる最も有効な手段は儀礼的な種々の身振りであって、儀礼が繰り返されることによって、彼は王であり、自分は臣下であると人々が認識・納得してしまう心の習慣が形成されたと回答されている（今村：二〇〇四）。

このあたり、まさに、ブルボン家のルイ十四世自身が、「そんなことは単に儀礼の問題に過ぎないなどと考える者は、大きな過ちを犯している。それは蔑ろにしてよいようなものではないどころか、必ず重大な結果をもたらすだろう。私たちの統治している民は、物事の本質にまでは理解がいたらないので、眼に映るものによって判断するのが常なのだ。彼らが恭々しく振舞ったり平伏したりするのは、相手の席次や位階に応じてなのである」と語っていたことは、当事者・統治者の声として貴重極まるだろう（二宮：一九九〇）。

現代北朝鮮・金家

さらに、現代北朝鮮（朝鮮民主主義人民共和国）・金家の場合も同様だろう。

北朝鮮研究には、実証性や客観性（拉致問題、核・ミサイル問題、人権侵害、独裁体制などへの拒否感）に高い壁があるが、純粋学問的に見れば、金日成・正日父子も他派閥の排除（粛清）と、イデオロギー・歴史解釈の独占（思想教育）を断行した結果、彼とその一族（「白頭の血統」などとも称される）の「権威」はすでに確立されたものと思しい（鐸木：一九九二）。

図8　白頭の血統系図

金日成―金正日┬（兄）金正男（暗殺）―金漢率
　　　　　　　└（弟）金正恩

事実、金日成から金正日への継承時には、

いまだ世襲という批判を避けるために「実力」が唱えられたが、金正日から金正恩(ジョンウン)への継承時には、もはや「血統」が前面に打ち出され、それで十分に説明された（鐸木：二〇一四）。

また、金正恩に対抗する「自由朝鮮」なる謎の組織は、二〇一七年に殺害される以前の金正男(ジョンナム)（金正恩の兄）に、臨時政府の首班就任を打診しており（ただし、この案は断られたようだ）、金正男暗殺後は、金漢率(ハンソル)（金正男の子）の亡命と保護に尽力したと伝わっている（彼はいまアメリカにいるという）。金漢率を擁立して、金正恩体制を打倒する構想だろうが、ここでも金家が頂点に位置することそれ自体に変化はないことを確認しておきたいと思う。

暴力とイデオロギー

このあたり、フランスの哲学者ルイ・アルチュセールの議論は参考になるだろう。

アルチュセールは、国家が統治を実践するうえで、「抑圧装置」と「イデオロギー装置」のふたつが重要であるとしている。前者は軍隊や警察、後者はメディアや学校がそれぞれ代表的なものである。そして、「実際、抑圧的であれイデオロギー的であれ、どんな〈国家装置〉も、抑圧と同時にイデオロギーによって機能するというテーゼを提示することが可能である」と述べている。さらに、彼は物理的暴力を用いる前者と、それを用いない後者を「混同することを禁じる」べきことを読者に強調している。すなわち、国家の抑圧装置は圧倒的に優越的な仕方で抑圧によって機能する一方、国家のイデオロギー装置は圧倒的に優越的な仕方でイデオロギーによって機能するのである（アルチュセール：一九七〇）。

以上のように、古今東西を問わず、支配者にとって、暴力で他者を圧倒して権力を樹立していくこと、そして、工作や儀礼などを通して他者にイデオロギーを浸透させて権威を確立していくこと（自らを正当化・絶対化してくれる「共通の価値」を調達すること）は、ふたつながら重要な作業であって、中世日本・足利家の場合も例外ではなかった。共通の価値は自然にそこにあったものではない。努力によってここにあらしめられたものである。

足利氏の場合、南北朝にその両者を駆動させ、室町期に一気に加速・安定した。戦国期、前者は故障させながらも、後者は儀礼・慣習（一字偏諱・屋形号・官位の授与、毛氈鞍覆・白傘袋・塗輿の免許、座次・対面・路頭・書札の作法）の存続というかたちで回転し続け、結果、足利氏が前進を止めることはなかった。まさに、「儀礼的制度や慣習が、戦国期にも受けつがれ」「権力基盤の不安定な足利将軍家を存続させる力ともなった」、「儀礼が戦国期の無力な幕府と将軍の権威の支柱としての役割を果たした」、そして、「権力基盤の弱い室町幕府と足利将軍家を武家社会に君臨させた要因に、将軍を頂点として定められていた儀礼的なしきたりのあったことを忘れてはならない」と結論される通りであって（二木：一九八五）、かかる視点からいまも研究は進化しているのである。

このように、室町期、足利氏の存在が絶対化すると（足利絶対観の成立）、今度は必然的にその一族もまた権威化していくのであり、結果、足利氏を頂点とし、足利一門を上位とする時代・社会が到来することになる（足利的秩序の成立）。次に、その様子を見ていこう。

確立する足利的秩序

足利一門の基礎知識

ここからは、足利氏が絶対化することで、その一族（足利一門）もまた権威化したことを見ていくが、まずはその前提として、足利一門とはそもそも誰か、から確認してみたい。

足利一門とは誰か

そのくらい知っているという人もいるかもしれないが、おそらく（失礼ながら）間違いを含んでいる可能性が高い。試しに次の①〜⑤のなかから足利一門を選んでみてほしい。

①吉良氏
②上杉氏
③山名氏

④新田氏
⑤吉見氏

どうだろうか。正解は②以外のすべてなのだが、あっていたであろうか。もし仮に間違っていたとしてもまったく問題ない。というのも、実は往々にして、これまで研究者も、さらには教科書さえも誤ってきたからである。

たとえば、①の吉良氏は著名な足利一門だが、②の上杉氏も足利氏と姻戚関係を結んだという点からしばしば足利一門とみなされてきた。他方、③の山名氏や④の新田氏は当然のように非足利一門と分類されてきた（教科書でも山名氏は足利一門とは扱われていない）。同様に、⑤の吉見氏もまた外様（とざま）と断じられてきた。そのため従来、①②が足利一門で、③④⑤が非足利一門であるといわれてきたのである。

このように、足利一門・非足利一門の腑分けは、近現代の研究者が行ってきたのだが、ここで、中世の人々が、誰を足利一門とカウントしていたか、ご覧いただきたいと思う。

まずは、室町期の故実書である『公武大体略記』や、戦国期に大館常興（おおだちじょうこう）という幕臣が書き残した『大館記』所収「武家大体略記」には、「御当家の累葉」「当流の累葉」（足利一門）として、畠山・桃井・吉良・今川・斯波・石橋・渋川・石塔・一色・上野・小俣・

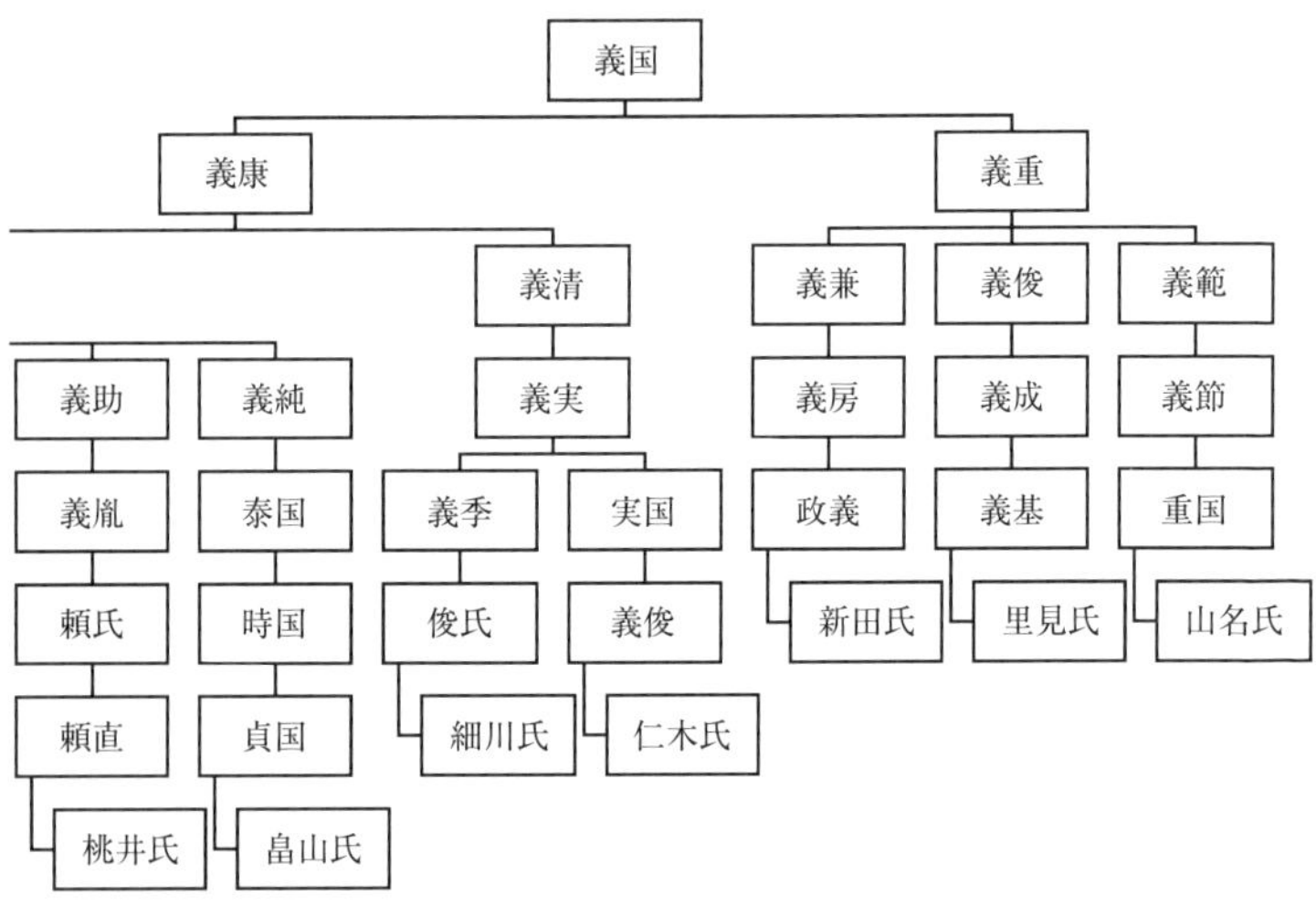
義国
義康
義重
義清
義兼
義俊
義範
義助
義純
義実
義房
義成
義節
義胤
泰国
義季
実国
政義
義基
重国
頼氏
時国
俊氏
義俊
新田氏
里見氏
山名氏
頼直
貞国
細川氏
仁木氏
桃井氏
畠山氏

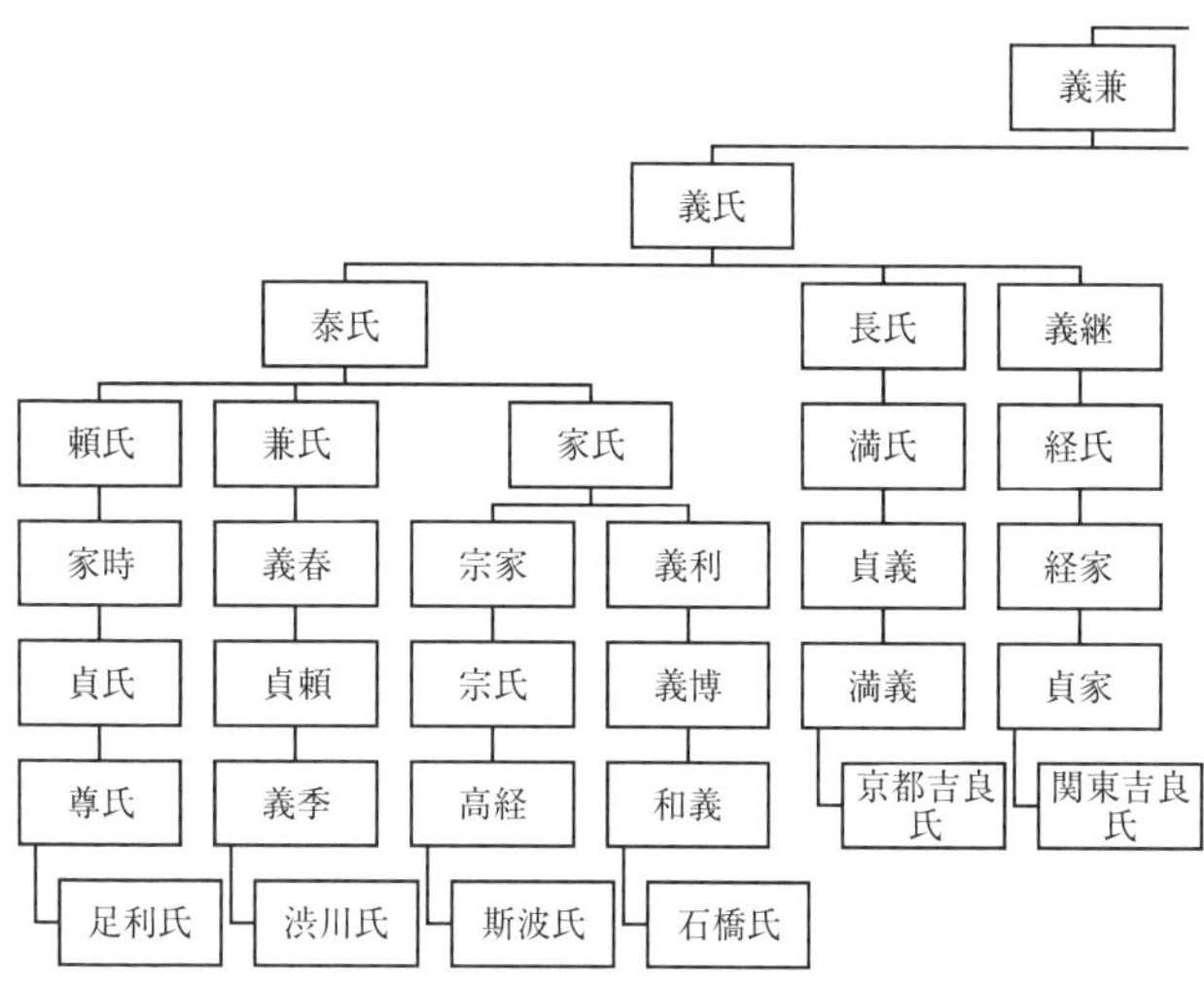
義兼
義氏
泰氏
長氏
義継
頼氏
兼氏
家氏
満氏
経氏
家時
義春
宗家
義利
貞義
経家
貞氏
貞頼
宗氏
義博
満義
貞家
尊氏
義季
高経
和義
京都吉良氏
関東吉良氏
足利氏
渋川氏
斯波氏
石橋氏

図9　足利一門系図

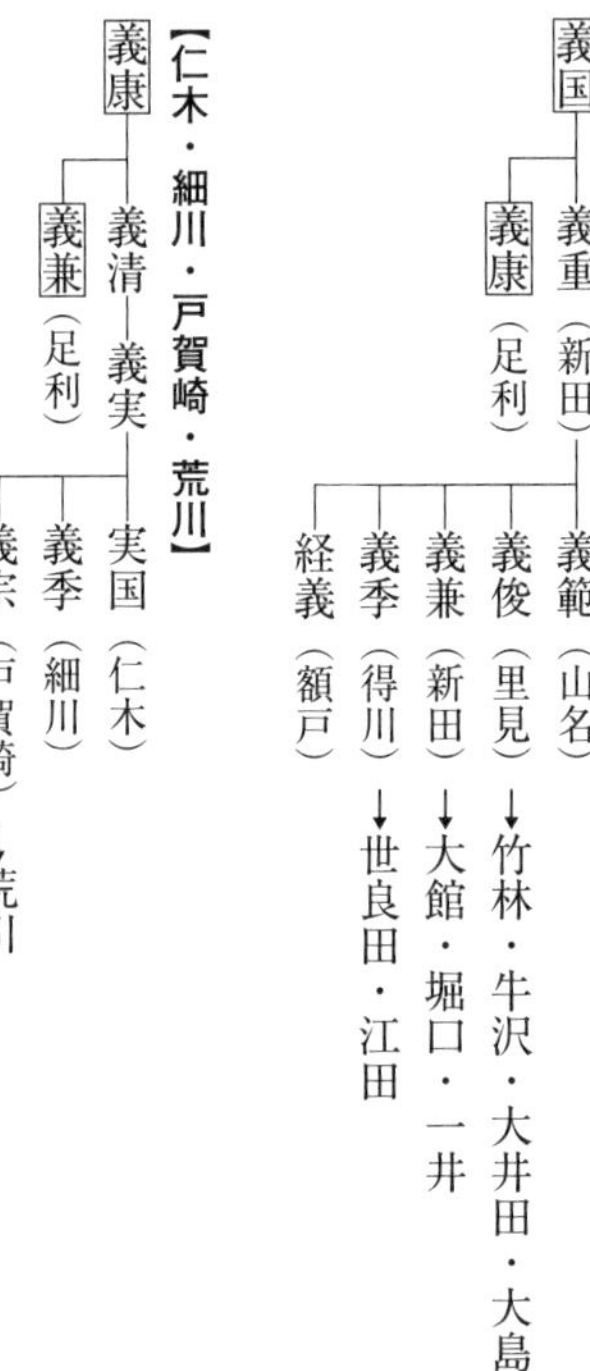

【畠山・桃井・田中・岩松】
義兼
　義純（畠山）
　　泰国（畠山）
　　時朝（田中）
　　時兼（岩松）
　義助（桃井）
　義氏（足利）

【吉良・今川・東条】
義氏
　義継（関東吉良）
　長氏（京都吉良）
　　満氏（吉良）→東条
　　国氏（今川）
　泰氏（足利）

【斯波・石橋・渋川・石塔・一色・上野・小俣・加子】

泰氏
- 家氏（斯波）
  - 義利（石橋）
  - 宗家（斯波）
- 兼氏（渋川）
- 頼氏（足利）
- 頼茂（石塔）
- 公深（一色）
- 義弁（上野）
- 賢宝（小俣）
- 基氏（加子）

加子・新田・山名・里見・仁木・細川・大館・大島・大井田・竹林・牛沢・鳥山・堀口・一井・得川・世良田・江田・荒川・田中・戸賀崎・岩松・吉見の各氏が特に区別されることなく挙げられている。

同様に、室町・戦国期の家紋集である『見聞諸家紋（けんもんしょかもん）』には、足利氏と同じ「二引両」の家紋を持つ「一姓」として、吉良・渋川・石橋・斯波・細川・畠山・上野・一色・山名・新田・大館・仁木・今川・桃井・吉見の各氏がこれまた特に区別されずに挙げられている。

さらに、戦国期頃の小笠原流礼法の故実（こじつ）書とされる『三議一統大双紙』には、「御当家の仁々」として、新田・仁木・細川・吉見・明石・山名・里見・畠山・岩松・桃井・吉良・今川・斯波・渋川・石橋・一色・上野・石塔・加子・小俣の各氏がやはり列挙されている。

すなわち、先に見た①吉良氏、③山名氏、④新田氏、⑤吉見氏は当時すべて足利一門と（②上杉氏は非足利一門と）みなされていたことが、中世史料から確認できるのである。

ほかにもかかる認識を支える史料は複数あるが、もはやこれで十分だろう。なお、一点だけ、近世にも、「斯波・細川・足利・尾張・畠山・仁木・荒川・吉良・東条・今川・渋川・石堂・一色・小俣・山名・里見・岩松・桃井・新田・大館・堀口・得川・世良田等の家は皆、京都将軍家の御一門の家筋なり」とあることは注目される（『貞丈雑記』。なお、尾張とは石橋氏、東条とは吉良氏庶流のこと）。近世の学者（伊勢貞丈）にも中世の認識は継承されていたのである。なお、史料によって登場する足利一門が一定しないが、作成時期や目的が異なるので問題なく、基本的に一貫して同じようなメンバーが見えることが重要だ。

要するに、中世日本において足利一門とは、具体的には以下の人々のことを指していた。すなわち、畠山・桃井・吉良・今川・斯波・石橋・渋川・石塔・一色・上野・小俣・加子・新田・山名・里見・仁木・細川・大館・大島・大井田・竹林・牛沢・鳥山・堀口・一井・得川（徳川）・世良田・江田・荒川・田中・戸賀崎・岩松・吉見・明石などの各氏である。

なお、『三議一統大双紙』にだけ見える「明石氏」とは琵琶法師・明石覚一のことで、彼は足利一門だと思われていたらしい。だが、同氏は武家ではないため、ここでは扱わない。

新田流のこと

さて、この足利一門メンバーリストを見てまず気づくのは、足利一門に「新田氏の庶流」（新田義重の流れ）も含まれているという点であろう。率直にこれは驚くべき事実である。

というのは、われわれは基本的に新田流のことを足利一門だとはみなしていないと思うからだ。新田氏や山名氏が足利一門だといわれて素直にうなずける人は多くないだろう。だが、当時（中世）の人々は新田流も足利一門とみなしており、新田流を足利一門からあえて外すというような意識は特に持ちあわせてはいなかったということが、ここからははっきりとうかがうことができるはずだ。この当時の認識こそが、議論の出発点となる。

この点、新田流はやはり非足利一門なのであって、途中から「足利一門化」したのではないか、との意見（疑問）もあるかもしれない。だが、それは残念ながら、成り立たない。

確かに、当時足利一門化することはあった。だが、それには高すぎるハードルがあった。たとえば、西国の大内義弘は、九州での忠節（探題今川了俊と鎮西平定に奔走）や、内野合戦（山名氏清の乱）で抜群の功績を挙げ、そのため、京都将軍足利義満は、義弘を足利一門として扱うとした（足利義満御内書案「蜷川家文書」）。だがその後、義弘は義満に対して反乱を起こして自滅し、以後、大内氏を足利一門として確認することはできなくなる。

このように、圧倒的な忠功への恩賞として足利一門化するケースはあるにはあったが、それを維持するのは相当に困難で、大内氏のような存在でも永続化するのは不可能だった。

他方、それが山名氏の場合ではどうなるか。同氏は大内氏と同じ時期に幕府に帰参し、同じ時期に義満と戦い、そして同じように潰された。だが、それにもかかわらず、山名氏は以後も足利一門として登場し続け（それ以前の南北朝期から山名氏が「一族」「武家一族」＝足利一門であったことは、当時の史料から確実である。『師守記』暦応四年三月二十五日条・貞治三年八月二十五日条）、一方で、比類なき軍功により足利一門化した大内氏は足利一門から外されたのである。山名氏が非足利一門だったならば、大内氏と同様、以後足利一門として出てくることはなかったはずで、ここに、われわれは大きな格差を見るべきだ。

つまり、実力で足利一門化した場合、その家格の維持は非常に困難だが（一度のミスが命取り）、もともと足利一門だった場合、そこから外れることは基本的になかったのである。

生まれ（出自・血統）が決定的にものをいう世界。これこそが身分制社会の姿である。

新田流について、彼らが足利一門化した存在などではないことをさらに補強していこう。

まず、新田流には、いま見た山名氏以外、先ほどのメンバーリスのなかには、里見氏・大館氏・大島氏・大井田氏・竹林氏・牛沢氏・鳥山氏・堀口氏・一井氏・得川（徳川）氏・世良田氏・江田氏などもいた。彼らが本来、足利一門ではなかったとすれば、足利一門化したのは、大内氏のケースと同様、足利氏への圧倒的な忠誠に対する恩賞に相違なかろう。

だが、彼らについて聞いたことがあるという人は、果たしていったいどれだけいるだろうか。そして、聞いたことがあるという人ならば、彼らの多くが基本的に南朝勢力（反足利氏）として活動していたということを知っているのではないか。要するに、彼ら全員の足利氏に対する圧倒的な軍忠の事実など確認できないのであり、恩賞で足利一門化した線はない。

そして、万一、彼ら程度の忠功でも永続的に足利一門化できたのであれば、彼ら以上に軍功を挙げていた土岐氏・佐々木氏・赤松氏らも十分に足利一門化しえていたはずである。だが、そのような事実はない。であれば、大館氏らが足利一門化した可能性はゼロである。

続けて、本家本元の新田氏自身について、同氏が足利一門であったことを見ていきたい。

新田氏のこと

実は、南北朝期の時点で新田氏は次のように呼ばれていたことが当時の史料から分かる。

「東にも上野国に源（新田）義貞という者あり、（足利）高氏が一族なり」（『神皇正統記』）

「（足利）尊氏のすゑ（末）の一ぞう（族）なる新田小〔太カ〕四郎義貞といふもの」（『増鏡』）

「上野国に（足利）尊氏一族新田義貞という者あり」「義貞は尊氏が一族なり」（『保暦間記』）

いずれも新田氏を足利一門としているが、驚くべきは、新田義貞と同じ陣営（南朝）に属していたはずの北畠親房（『神皇正統記』）までもがかかる認識を示していたことである。

要するに、南朝の人間であるか北朝の人間であるかを問わず、当時（同時代）の人々はみなはじめから新田氏のことを足利一門と見ていたのである。以後も新田氏に足利氏への忠誠はなく、義貞の末裔は足利氏に反逆し続けたが、それでも足利一門という扱いなのだ。

以上をまとめると、新田流の人々は、南北朝期以後のある段階で足利一門化したというわけではなく、むしろ、南北朝期の時点ではすでに足利一門とみなされていたということになる。つまり、彼らは明確に「足利氏の庶流」として位置づけられる存在だったのである。

なお、彼らは南北朝期以前に足利一門化していたわけでもない。その線も消しておこう。たとえば、鎌倉期に新田流が足利氏に従属したから、足利一門化したというのはどうか。もちろんない。それならば北条氏に従属したすべての武家は北条一門化し、南北朝期以降、足利氏に従属したすべての武家は足利一門化したはずだが、そのような事実などないからだ。

そのほか、鎌倉期に新田流が足利氏と結婚したから、足利一門化したというのはどうか。こちらのほうがまだありえそうだが、これもない。新田流全員と足利氏の姻戚関係が確認されないという実証面に加えて、上杉氏も足利氏と姻戚関係があったが、足利一門化していないという理論面が決定的である。尾張国の熱田大宮司家もまた足利氏とは姻戚関係があったが、足利一門化などしていない。要は、結婚（姻戚関係）と一門化は別の話であり、両者を混同してはならないのだ。事実、鎌倉期、足利氏は北条氏と姻戚関係にあったが、「一門にあらず」と、北条一門ではなかった（『花園天皇宸記』元弘元年十一月五日条）。

太平記史観を超えて

以上から、新田流が足利一門化したという可能性はすべて排除され、もともと足利一門だったと考えるほかないということになる。すなわち、新田氏・新田流ははじめから足利一門なのだと、中世の史料に書かれていることを素直にそのまま受け取ればよいのである。

では、なぜそれができず、新田流のことは足利一門ではない、あるいは、途中から足利一門化した、などとみなしてしまうのだろうか。ここまで新田氏が足利一門だといわれても、絶対に受け入れられない、あるいはまだ違和感がある、という人も少なくないはずだ。

ひとつは、上記の史料が発見・活用されてこなかったことがあるのだが、それ以上に、新田流のことを足利一門の外部とみなしてしまう思考様式の存在が大きいと考えている。

どういうことか。

振り返ってみれば、われわれは「足利」という「幹」（嫡流）から分かれた「枝」（庶流）のことを足利一門と呼んできた。初期に分かれたのが仁木氏や細川氏などとなり、その次に分かれたのが畠山氏や桃井氏などとなり、といった具合にである。この点、新田氏とて、仁木氏や細川氏などよりも一代前＝「最初」に足利という幹から分かれた枝といえるのであって、例外ではないはずだ。にもかかわらず、われわれは仁木氏や細川氏などのことは自明の足利一門で、新田氏のことは自明の非足利一門だと認識してしまっているのである。

このような、新田氏のことだけを特別視してしまう思考様式は、実は、「源家嫡流」などといって新田氏を足利氏から切り離し、新田氏―足利氏を家格的にことさらに対抗・並置させるフィクションである『太平記』に主に由来している。『太平記』以外の史料が、こぞって新田流は足利一門（足利・新田は同じ一族の、上下＝縦の関係）と記しているのに対して、『太平記』だけが、基本的に新田と足利を切断し、そのうえで、両者を「源家嫡流」とする文学的粉飾を施しているからである（足利・新田は別の一族で、対等＝横の関係）。

『太平記』か、『太平記』以外か。事実を追究するうえでは、後者を選択するほかない。だが、問題は前者の影響力が強すぎることだ。『太平記』は、中世以降、近世・近代そして現代にいたるまで、文学のみならず史学の世界にまで圧倒的な存在感を誇っており、それゆえ、歴史学も少なからず『太平記』の枠組みに引き摺られてきた。そしてそれはいまも続いており、『太平記』以外の史料は、事実を伝えながらも、忘却ないし捨象されている。

その内部にいる限り、『太平記』に引っ張られ、新田氏を非足利一門といい続けるだろう。しかし、それでは『太平記』の虚構世界を周回し続けるだけで、事実にはたどりつけない。

これに対して『太平記』以外の諸史料をぶつけたとき、新田氏を足利一門とする視点＝外部が獲得され、『太平記』的な思考様式（「太平記史観」）は相対化されていくはずだ。

新田氏・新田流を足利一門とすることへの違和感の正体。それは、太平記史観そのものである。それはいまなおわれわれを強く拘束しており、そこから自由になるのは難しい。だが、いま問われているのは、曇りなき眼で、事実を抱いて、その外部へと飛び出していけるかどうかだ。太平記史観を護持し続ける必要など、もうどこにもないはずである。

そして、新田義貞が足利尊氏（たかうじ）のライバルではなく、足利一門のひとりであったとしても、それによって義貞の評価が下がるわけでもない。義貞は関東を落とすという絶大なる功績を上げ、実力によってのし上がり、足利の庶流でありながらも嫡流の尊氏に挑戦状を叩きつけ、北国から東国にかけて地方政府を目指すという、まさに実力主義・「下剋上」・地域構想など、南北朝期を象徴する、時代を先駆けた人物であったと（ようやく正当に）評価できるからである。足利一門と認めてしまったら負け、かのごとき振る舞いは、その実、義貞をあまりにも見くびりすぎているのであり、歴史に対して不誠実ではないだろうか。

以上、新田氏・新田流を足利一門からあえて外して理解すべき必要はないのであって、仁木氏や細川氏、畠山氏や桃井氏などと同じように、はじめから足利一門とみなすことに、実は何の問題もないのである。新田氏・新田流は、そのはじまりから足利一門であった。

そしてまた、『見聞諸家紋』にあるように、その家紋は「二引両」であった。彼らの家紋が「大中黒」＝「一引両」ではなく、「二引両」であったことは戦国期の家紋リストである『関東幕注文』（「上杉家文書」）からも確認できる。新田氏の旗が「大中黒」＝「一引両」であったとは『太平記』が強調し、建武三年（一三三六）七月の史料にも見えているから（山内観西軍忠状写「山内首藤家文書」）、虚誕ではない。しかし、その後、新田氏・新田流＝「二引両」と見えている以上、それは新田氏が足利氏と分裂し、足利一門同士で抗争したときだけの限定的なものであったと考えられる。

図10　二引両の家紋

中世史家の佐藤進一は、紋章学者・沼田頼輔の見解をひきつつ、当時、「分裂した一族が交戦時の混同をさけようとして新しい紋章をつくった」ケースを指摘しているから（佐藤：一九六五）、その一例と見られよう。

吉見氏のこと

このように新田流が足利一門だとして、まだ問題は残っている。というのも、先ほど掲げた足利一門メンバーのなかに、新田流でも足利流でもない武家がひとりだけいたからだが、そのことに気づいただろうか。それは、吉見氏という一族だ。

吉見氏は、新田氏に比べると、一般的にはあまり有名ではないかもしれず、足利氏とは明確に別系統であるので、学界でも当然のごとく非足利一門（外様）と断じられてきた。だが、先に見た中世の史料（当時の認識）は、明らかに足利一門としているのであり、それは、ほかの史料でも同じである。ここでは一例だけ挙げると、貞治五年（一三六六）四月二十日、吉見頼氏は「武家御使」として石清水八幡宮の社家らと対面したが、その際、「武家御使（吉見頼氏）、御一族（足利一門）たり」と記されている（『建武回禄之記』）。

では、吉見氏はいかなる一族であり、そして、なぜ足利一門として存在していたのか。はじめに系図（『尊卑分脈』）を掲げてみると、以下のことが見えてくる。

料金受取人払郵便

本郷局承認

4511

差出有効期間
2023年1月
31日まで

郵便はがき

113-8790

東京都文京区本郷7丁目2番8号

吉川弘文館 行

愛読者カード

本書をお買い上げいただきまして、まことにありがとうございました。このハガキを、小社へのご意見またはご注文にご利用下さい。

お買上**書名**

＊本書に関するご感想、ご批判をお聞かせ下さい。

＊出版を希望するテーマ・執筆者名をお聞かせ下さい。

お買上
書店名　　区市町　　書店

◆新刊情報はホームページで　http://www.yoshikawa-k.co.jp/

◆ご注文、ご意見については　E-mail:sales@yoshikawa-k.co.jp

ふりがな ご氏名	年齢　　歳　男・女
〒 □□□-□□□□ ご住所	電話
ご職業	所属学会等
ご購読 新聞名	ご購読 雑誌名

今後、吉川弘文館の「新刊案内」等をお送りいたします(年に数回を予定)。
ご承諾いただける方は右の□の中に✓をご記入ください。　□

注文書

月　　日

書　　名	定　価	部　数
	円	部
	円	部
	円	部
	円	部
	円	部

配本は、○印を付けた方法にして下さい。

イ. 下記書店へ配本して下さい。

（直接書店にお渡し下さい）

（書店・取次帖合印）

書店様へ＝書店帖合印を捺印下さい。

ロ. 直接送本して下さい。

代金（書籍代＋送料・代引手数料）は、お届けの際に現品と引換えにお支払下さい。送料・代引手数料は、1回のお届けごとに500円です（いずれも税込）。

＊お急ぎのご注文には電話、FAXをご利用ください。

電話 03−3813−9151(代)

FAX 03−3812−3544

（ご注意）

・この用紙は、機械で処理しますので、金額を記入する際は、枠内にはっきりと記入してください。また、本票を汚したり、折り曲げたりしないでください。

・この用紙は、ゆうちょ銀行又は郵便局の払込機能付きＡＴＭでもご利用いただけます。

・この払込書を、ゆうちょ銀行又は郵便局の渉外員にお預けになるときは、引換えに預り証を必ずお受け取りください。

・ご依頼人様からご提出いただきました払込書に記載されたおところ、おなまえ等は、加入者様に通知されます。

・この受領証は、払込みの証拠となるものですから大切に保管してください。

収入印紙
課税相当額以上
貼　　付

印

この用紙で「本郷」年間購読のお申し込みができます。

◆この申込票に必要事項をご記入の上、記載金額を添えて郵便局でお払込み下さい。

◆「本郷」のご送金は、４年分までとさせて頂きます。

※お客様のご都合で解約される場合は、ご返金いたしかねます。ご了承下さい。

この用紙で書籍のご注文ができます。

◆この申込票の通信欄にご注文の書籍をご記入の上、書籍代金（本体価格＋消費税）に荷造送料を加えた金額をお払込み下さい。

◆荷造送料は、ご注文１回の配送につき500円です。

◆キャンセルやご入金が重複した際のご返金は、送料・手数料を差し引かせて頂く場合があります。

◆入金確認まで約７日かかります。ご了承下さい。

振替払込料は弊社が負担いたしますから無料です。

※領収証は改めてお送りいたしませんので、予めご了承下さい。

お問い合わせ　〒113-0033・東京都文京区本郷７－２－８
吉川弘文館　営業部
電話03-3813-9151　FAX03-3812-3544

この場所には、何も記載しないでください。

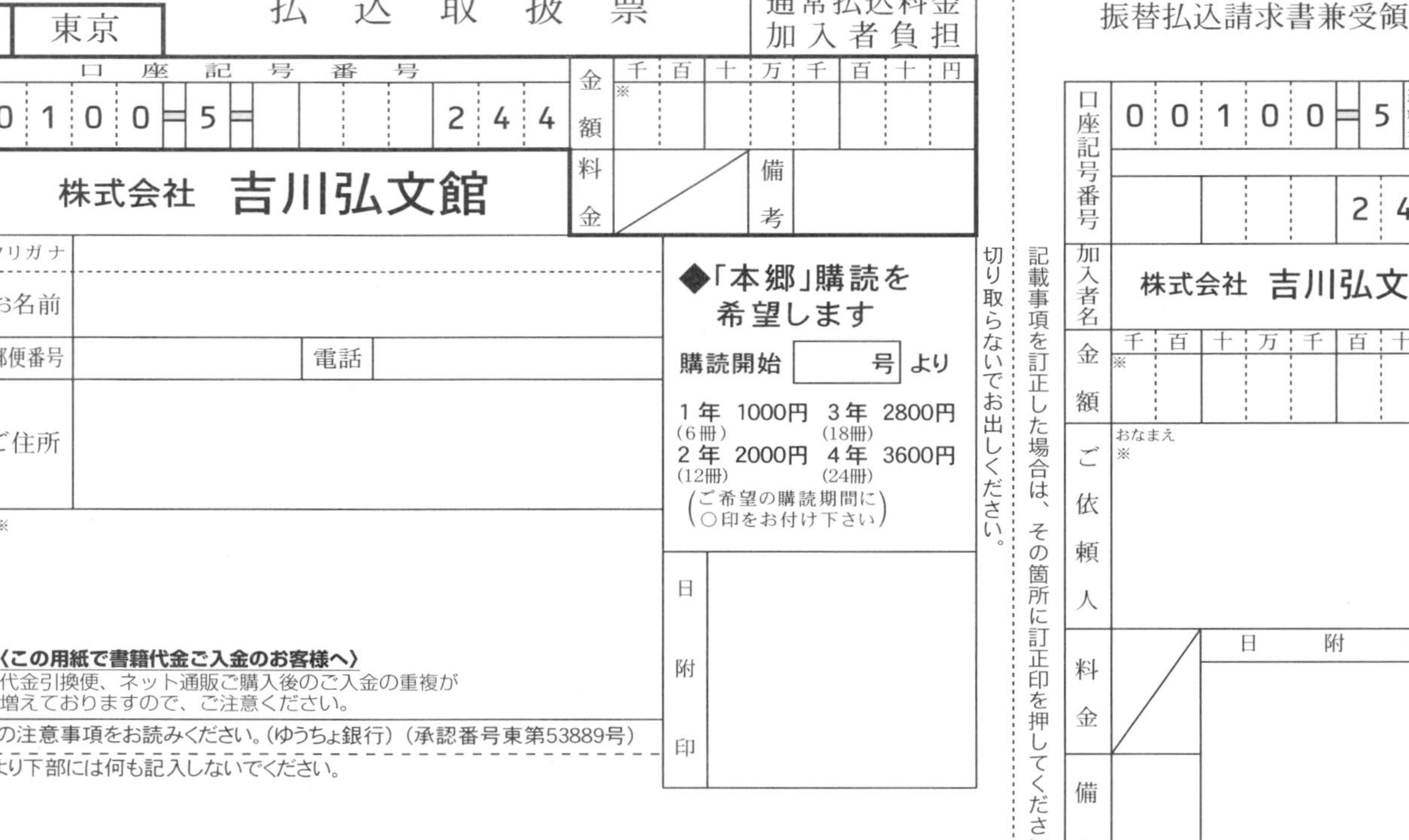

02 東京

払込取扱票

通常払込料金加入者負担

口座記号番号	00100-5-244
金額	千 百 十 万 千 百 十 円 ※
料金	
備考	
加入者名	株式会社 吉川弘文館

各票の※印欄は、ご依頼人において記載してください。

ご依頼人・通信欄

フリガナ
※お名前
郵便番号　　電話
※ご住所
※

〈この用紙で書籍代金ご入金のお客様へ〉
代金引換便、ネット通販ご購入後のご入金の重複が増えておりますので、ご注意ください。

◆「本郷」購読を希望します

購読開始　　号 より

1年 1000円（6冊）　3年 2800円（18冊）
2年 2000円（12冊）　4年 3600円（24冊）
（ご希望の購読期間に○印をお付け下さい）

日附印

切り取らないでお出しください。

裏面の注意事項をお読みください。（ゆうちょ銀行）（承認番号東第53889号）

これより下部には何も記入しないでください。

記載事項を訂正した場合は、その箇所に訂正印を押してください。

振替払込請求書兼受領証

口座記号番号	00100-5-244 （通常払込料金加入者負担）
加入者名	株式会社 吉川弘文館
金額	千 百 十 万 千 百 十 円 ※
ご依頼人	おなまえ ※　　様
料金	
備考	

日附印

この受領証は、大切に保管してください。

まず、（三男）源義国流が基本的に足利一門とみなされていたということである。つまり、本来的な意味での足利一門とは、この「源義国流」のことを指すと考えられるのである。

この点、近世の段階で「足利一門」の徳川家康が、「（源）義国よりの系図を吉良家より渡され候」と、吉良氏から「義重」（新田）ではなく「義国」（足利）以来、つまり、足利一門全体の系図を意識して獲得していたことは興味深い（近衛前久書状「近衛家文書」）。

次に、吉見氏だが、同氏は（五男）源為義流に位置する。

だが、この源為義流全体が足利一門とみなされていたわけではないことには注意が必要だ。たとえば、源為義―行家流の新宮氏などは足利一門とはみなされていないからである。

振り返って、吉見氏は「源為義―義朝流」というところに位置しており、その流れだけが足利一門とみなされたということが分かる。なお、その源為義―義朝流でも吉見氏以外（たとえば、阿野氏や愛智氏）は足利一門としては見えない。だが、この点、系図を見ると、（一男）源義宗流・（四男）源義忠流は「子孫なし」「近代相続なし」と、すべて滅亡していることに気づく。とすれば、阿野氏や愛智氏も同様に断絶したため、以後登場しないと見ることができよう。

図11　源義家流と源為義流系図

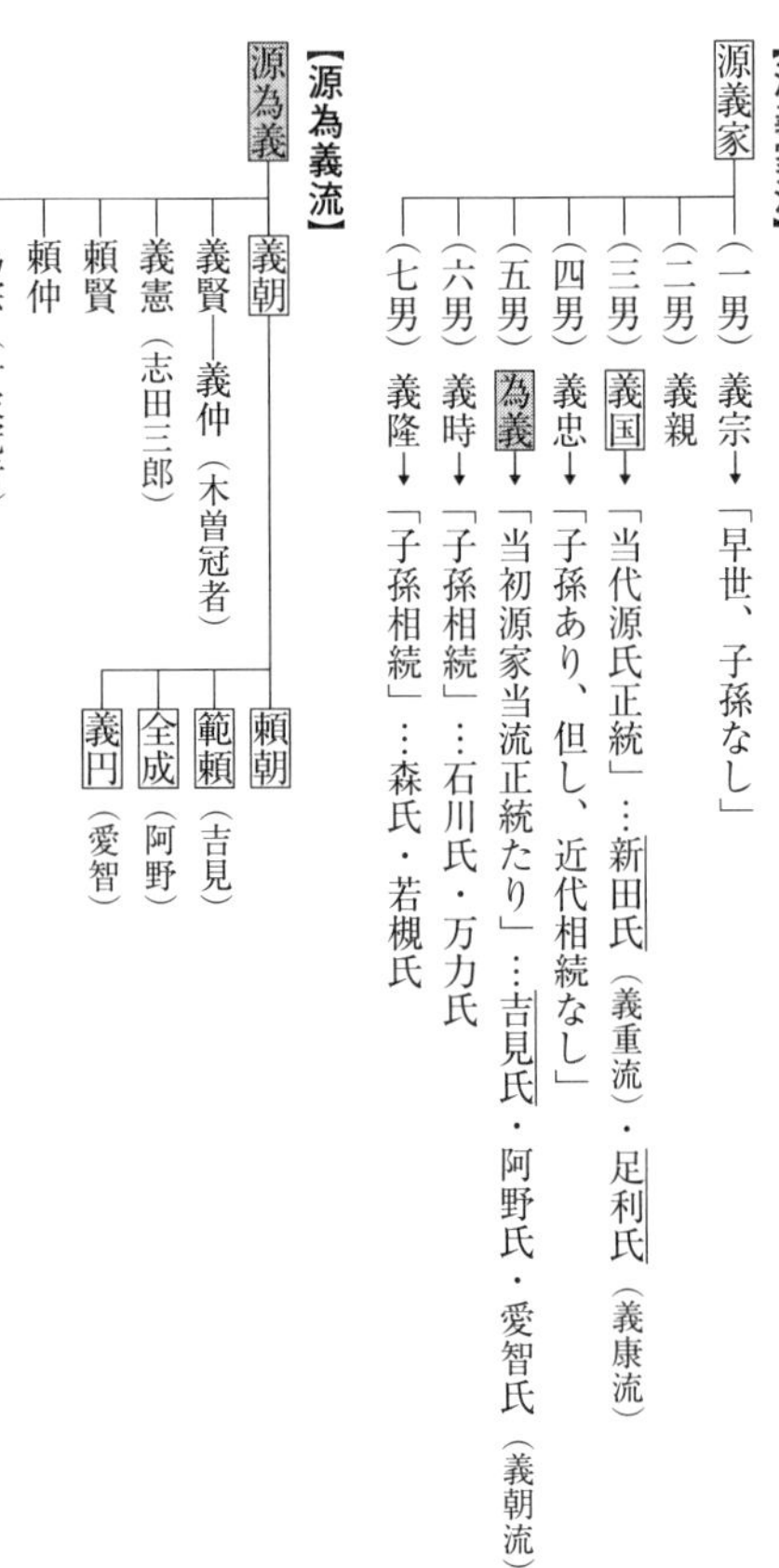

以上から、本来的・第一義的な足利一門とは「源義国流」のことであり、南北朝・室町・戦国期の足利一門とは「源義国流」＋「源為義―義朝流」のことである、との定義がひとまず可能となる。

では、なぜ中世後期になって源為義―義朝流（吉見氏）は足利一門となれたのであろうか。

この点、吉見氏は鎌倉期に足利氏との姻戚関係などは確認されず、足利という幹から分かれた枝でもないということはいうまでもない。南北朝期に足利氏への軍忠は確認されるが、それとて有力他氏（土岐氏・佐々木氏・赤松氏）と比べて圧倒的というほどでもない。そこで、源為義―義朝流について改めて系図を見てみると、彼らは源頼朝の兄弟を曩祖（のうそ）としていることに気づくはずだ。吉見氏が源範頼（のりより）、阿野氏が全成（ぜんじょう）、愛智氏が義円（ぎえん）といった具合にである。それゆえであろう、吉見氏は鎌倉期、源氏の貴種とみなされていたといわれている（佐々木：二〇〇五）。

要するに、彼らは源頼朝の兄弟の子孫たちという「源氏の名門」だったのである。

ここまでくれば、吉見氏らが足利一門となれた意味は自ずと見えてこよう。すなわち、足利尊氏は、源頼朝の後継者を自任していたとされ、事実、「（足利）尊氏、彼（源頼朝）

の一流の家督たり」と主張している（足利尊氏書状写「文亀年中記写」）。そのため、頼朝の兄弟の子孫たち（吉見氏）と自らを同族化・一体化することで、自身もまた頼朝につながる存在（源氏嫡流）であるとアピールしたかったのではなかったか、ということである。

改めて、足利一門とは誰か

以上の話をまとめておこう。

足利一門とは誰か。この問題は従来あまりにも適当に扱われており、上杉氏は足利一門で、山名氏・新田氏・吉見氏は非足利一門とされてきたが、事実は真逆であって、上杉氏が非足利一門（被官）で、山名氏・新田氏・吉見氏が足利一門だった。新田流を含み込む「源義国流」が本来的には足利一門であり、南北朝期には「源為義—義朝流」、すなわち、源頼朝の兄弟の子孫たち（吉見氏）が、足利氏の源氏嫡流工作によってそこに加えられた。新田流が非足利一門とみなされてきたのは、新田氏を足利氏から切断し、別の一族として描いたフィクションである『太平記』の影響が大きく、そうした「太平記史観」に七百年近くも引き摺られてきた結果、新田流を足利一門とみることは至難の業となってしまった。

だが、われわれは、いまや『太平記』以外のいくつもの史料を持っている。そこには、『太平記』とは異なる事実が書かれている。新田流は足利一門であると共通して記されているのである。『太平記』的なイメージ（太平記史観）に基づいて描き出されてきた既存の新田氏像はどこか歪んでいたのではないかと、もはやはっきりといわねばならない。後世ではなく、中世の人々の認識・感覚に沿って、足利一門像は再構築されなければならない。

以下、こうした意識に基づいて、新田流や吉見氏も含めた足利一門全体（足利の血統を受け継ぐ人々）が当時の社会にあってどう見られていたか、この点を確認していきたい。

足利一門か、足利一門以外か

足利氏が絶対化した世界のなかで、その一族たちはどのような存在と見られていたか。

室町幕府の中心で

結論からいえば、足利一門もまた圧倒的に権威化を遂げており、当時、足利一門か否かはその身分・格式を分かつうえで、決定的な差となって立ち現れるようになっていた。

まずは、室町幕府の中枢でのルールを見てみよう。

たとえば、室町期、戦時に将軍から「武家御旗」（公方御旗・御所御旗）を授与されるのは基本的に足利一門に限られていた（杉山：二〇一四）。

また、戦国期、平時にも「御紋をもせられ候方と、ひら侍（平侍）、分別あるべき段勿論かな」とある（「書札之事」『大館記』）。ここに見える「御紋をもせられ候方」、すなわち、御紋衆とは足利一門のことを意味しており、足利一門と非足利一門（平侍などといわれる）の間には格差が設けられて当然だとの意識がうかがえる。また、「根本は三職、是も管領職を持たれ候ての事なり、其の次に御紋の大名、其の次御紋せられぬ大名と心得べきなり」ともある（『常照愚草』）。幕府有力者のなかの序列が、現管領→管領家（管領は全員、足利一門だ）→足利一門大名→非足利一門大名であることが明確に指摘されているのである。

同様に、管領細川氏の場合、「御一家の大名たちの御事をば、御屋形にて申すには殿文字を申すべく候、赤松・土岐・佐々木・大内・上杉などへは殿文字をば申さず候なり」と見えている（「対諸家御参会事」『大館記』）。足利一門の大名には殿をつけ、赤松氏以下、非足利一門の大名には殿をつけないといい、足利一門・非足利一門の違い（格差）がよく分かる話となっている。

このように、足利一門と非足利一門のあいだには明確な差があった。

もう少し、幕府の中心部を見ていこう。

まずは、幕府実力者である御相伴衆の序列から。そこでは、「凡そ御一家の御相伴衆と、其の外の諸家とは替わる事なり」とあった（『家中竹馬記』）。ここで、足利一門の御相伴衆としては、山名氏・一色氏・細川氏・畠山氏らが挙げられており、非足利一門の御相伴衆としては、赤松氏・佐々木氏らが挙げられている。同じ御相伴衆でも差があったのである。

次に、将軍に供奉した御供衆の序列。そこでは、「公方様の御近辺へは只の人は参らず、是も御供衆の御一家沙汰あるなり」とあった（『家中竹馬記』）。ここでは、「御供衆のなかの御一家（足利一門）」と「只の人（そこには当然御供衆のなかの非御一家＝非足利一門も含まれる）」が対比的に描かれている。この点、幕府の故実書である『大館常興書札抄』も、御供衆を、細川氏・畠山氏・上野氏・山名氏・一色氏らの足利一門と、赤松氏・富樫氏・伊勢氏らの非足利一門を明確に区別している。同じ御供衆でもやはり差があったのである。

最後に、全階層についてまとめて見ておこう。幕府の故実書である『年中恒例記』には、「名書の下に、殿文字書くと、書かざるとの事、武家にては、御紋候大名・同御供衆・同外様衆・御部屋衆、殿文字これあり、御紋衆といへども、番方衆は沙汰に及ばず候、大名たりというとも、御紋の衆にあらざれば殿文字これなし」とあって、幕府・武家のほぼ全階層にわたって、足利一門と非足利一門のあいだには明確な差が存在したことが分かる。

こうした足利一門・非足利一門という格差は、守護などへの就任という権力の部分では、基本的に存在していない。他方、権威の部分では、両者の差異は拭いがたく存在し続けた。このことを端的に示しているのが、次の史料である（足利義政御内書案『御内書案』）。

足利成氏がすでに武州太田口へ出陣したので、早速出発せよと何度も命令しているのに、今も遅れているのはどういうことか。ただちに下総口へ進発して忠義を尽くすように。

（寛正六年）十二月八日　御判（足利義政）

今川治部大輔殿（義忠）

武田五郎とのへ（信昌）

これは、寛正六年（一四六五）に京都将軍足利義政が関東公方足利成氏を討つべく発令したものであるが、ここではその内容ではなく、宛先に注目したい。すなわち、今川氏と武田氏のあいだには、「殿」（厚礼）・「とのへ」（薄礼）という点で明確な差が見られるからである。

この差はいったい何によるものであろうか。

両者の役職の差だろうか。答えは否である。今川氏と武田氏は外様大名衆に属す守護として同格だからである（『文安年中御番帳』）。

はたまた、両者の年齢の差だろうか（武田信昌は今川義忠よりも若いから薄礼なのか）。答えは否である。たとえば、細川氏の故実書では、

・細川政元が武田信昌にあてる場合、差出は「政元」、宛先は「武田刑部大輔殿」

・細川政元が今川氏親にあてる場合、差出は「右京大夫政元」、宛先は「謹上　今河辰王殿」

と、今川氏親は武田信昌よりも若いが厚礼となっているからである（「書札調様」『大館記』）。

つまり、両者の差は、役職や年齢に由来するものではなかった。

となれば、もはやこの差（今川氏と武田氏の差）は、足利一門・非足利一門という差に由来すると見るほかないであろう。つまり、両者の差は、血統の差によるというわけだ。

このように、中世後期、足利一門と非足利一門のあいだには、大きな差が存在していた。すなわち、前者が後者に優越する儀礼的身分・格式を得ていたわけである。そのことを、ここでは室町幕府の中心部（将軍・管領・幕臣などの視点）から見てきたわけだが、では、この事実は、それを支える全国の大名・武家からも共有されていたのだろうか。上による

吉川弘文館

新刊ご案内　2021年2月

〒113-0033・東京都文京区本郷7丁目2番8号　振替 00100-5-244（表示価格は税別です）
電話 03-3813-9151（代表）　ＦＡＸ 03-3812-3544　http://www.yoshikawa-k.co.jp/

100年前の今日、
戦国や奈良時代の今日、
何が起きていた？

日本史「今日は何の日」事典

367日＋360日・西暦換算併記

吉川弘文館編集部編

〈2刷〉Ａ５判・四〇八頁／三五〇〇円　『内容案内』送呈

正確な日付に西暦換算年月日を併記し、「その日」におきた出来事が分かる日めくり事典。出典の明らかな記事を、旧暦二月三〇日を含む三六七日に閏月三六〇日を加えた日付ごとに掲載する。暦に関するコラムや付録も充実した、ユニークな歴史カレンダー。

災害と生きる中世

旱魃・洪水・大風・害虫

水野章二著

二五〇〇円

中世の人びとは、日常的に起こる災害にどのように立ち向かったのか。最新の科学的分析と古文書・古記録や文学作品から、自然の猛威が社会生活に与えた影響や人びとの対応を解明。災害への関心が高まる今、必読書。四六判・二四〇頁

強い内閣と近代日本

国策決定の主導権確保へ

関口哲矢著

二五〇〇円

明治憲法下の内閣や首相は自身の機能を強化し、戦争の主導権を得ようとしていく。近代はこの試みと挫折の繰り返しであった。近代内閣の行った強化策を制度や組織運営から総括し、現代政治の課題解決の糸口を探る。四六判・二六四頁

天下は戦国！

享徳の乱から大坂の陣まで、一六〇年におよぶ戦国社会の全貌を描く

列島の戦国史 全9巻

〈企画編集委員〉池 享・久保健一郎

四六判・平均二六〇頁／各二五〇〇円 『内容案内』送呈

●新刊の3冊

5 東日本の動乱と戦国大名の発展

丸島和洋著

十六世紀前半、東日本では古河公方の内紛と連動した戦乱から、戦国大名の衝突へ変化する。伊達・上杉・北条・武田・今川・織田―大名間「外交」と国衆の動静を軸に、各地の情勢を詳述。戦国大名確立の背景に迫る。 ＊十六世紀前半／東日本

8 織田政権の登場と戦国社会

平井上総著

十六世紀後半、織田信長は室町幕府に代わる政権を打ち立て、全国を統合へ向かわせた。将軍義昭の追放、朝廷への対応、大名との衝突と和睦などの政局に加え、都市や流通、宗教など社会の諸相から織田政権の実像に迫る。 ＊十六世紀後半／全国

9 天下人の誕生と戦国の終焉

光成準治著

十七世紀初頭、豊臣氏を滅亡させた徳川氏が権力の頂点に立つ。秀吉の天下一統から大坂の陣、徳川政権確立までの政局をたどり、兵農分離の実像や芸能・美術など、社会と文化にもふれながら「天下人」の時代を見渡す。

＊十七世紀初頭／全国

●既刊5冊

1 享徳の乱と戦国時代〈2刷〉

久保健一郎著　十五世紀後半、上杉方と古河公方方が抗争した享徳の乱に始まり、東日本の地域社会は戦国の世へ突入する。室町幕府の東国対策、伊勢宗瑞の伊豆侵入、都市と村落の様相、文人の旅などを描き、戦国時代の開幕を見とおす。

＊十五世紀後半／東日本

3 大内氏の興亡と西日本社会

長谷川博史著　十六世紀前半、東アジア海域と京都を結ぶ山口を基盤に富を築き、列島に多大な影響を与えた大内氏。大友・尼子氏らとの戦い、毛利氏の台頭などを描き出し、分裂から統合へ向かう西日本を周辺海域の中に位置づける。

＊十六世紀前半／西日本

4 室町幕府分裂と畿内近国の胎動

天野忠幸著　十六世紀前半、明応の政変などを経て室町幕府は分裂。分権化が進み、新たな社会秩序の形成へと向かう。三好政権の成立、山城の発展、京都や大阪湾を取り巻く流通などを描き、畿内近国における争乱の歴史的意味を考える。

＊十六世紀前半／中央

6 毛利領国の拡大と尼子・大友氏

池　享著　十六世紀後半、西日本では大内氏を倒し台頭した毛利氏をはじめ、尼子や大友、島津などの地域勢力が熾烈な領土争いを繰り広げた。海外交易の実態、流通・経済の発展など社会状況も概観し、西国大名の覇権争いを描く。

＊十六世紀後半／西日本

7 東日本の統合と織豊政権

竹井英文著　十六世紀後半、関東では武田・上杉・北条らの領土紛争が激化、奥羽では伊達の勢力が急拡大する。戦乱の中で進化する築城技術や経済活動、領国支配の構造などを描き、織豊政権の介入で統合へ向かう東日本の姿を追う。

＊十六世紀後半／東日本

●続刊（3月発売）

2 応仁・文明の乱と明応の政変

大薮　海著　十五世紀後半、二つの争乱を契機に室町幕府は崩壊の道へ―。京都での東西両軍の対立に至る政治過程や、大乱の様子と乱後の情勢を西国にも目を向けて叙述。将軍家を二分した政変を経て、乱世へと向かう時代を通観する。

＊十五世紀後半／中央・西日本

われわれは宗教をどう理解し、いかに向き合うか？
新しい人文学のあり方を構想する画期的シリーズ！

日本宗教史 全6巻

〈企画編集委員〉伊藤　聡・上島　享・佐藤文子・吉田一彦

A5判・平均三〇〇頁
各三八〇〇円
『内容案内』送呈

世界各地で頻発する紛争や、疫病、自然災害など、不安が増大する今日、宗教の役割が問い直されている。古代から現代に至る長い時間軸の中で日本の宗教をとらえ、世界との豊かな文化交流と日本列島に生きた人々の信仰の実態に着目して分野横断的に諸相を追究する。様々な学問分野の研究蓄積を活かし、世界史の中の新たな日本の宗教史像を提示する。

●最新刊の2冊

4 宗教の受容と交流

佐藤文子・上島　享編　三三八頁

古来、中国やインド、西洋からの影響を波状的に受けて育まれてきた日本の宗教文化。仏教・儒教・道教・キリスト教や様々な民間信仰をとりあげ、伝播の衝撃や受容の実態などを明らかにし、その歴史的意義を考える。

5 日本宗教の信仰世界

伊藤　聡・佐藤文子編　二七二頁

自然災害や疫病、大切な人の死に面したとき、人々は日ごろ忘れている宗教的な体験の記憶を呼び覚まして向かい合おうとする。人が生まれてから死を迎えるまで、社会の営みの基底にいきづく多様な〈信仰〉のかたちを描く。

●既刊3冊

1 日本宗教史を問い直す

吉田一彦・上島　享編　古代から近代までの日本宗教史を、神の祭祀や仏法伝来、宗教活動の展開と宗教統制、政治との関係などを柱に概観する。さらに文化交流史、彫刻史、建築史、文学、民俗学の分野から日本の豊かな宗教史像をとらえ直す。　三四四頁

3 宗教の融合と分離・衝突

伊藤　聡・吉田一彦編　仏教・神道・キリスト教をはじめ多様な宗教が併存する日本社会。他の信仰に対する寛容さを持つ一方、排他的な志向や事件も繰り返されている。古代から現代まで、さまざまな宗教・思想・信仰の融合と葛藤の軌跡を辿る。　三〇八頁

6 日本宗教史研究の軌跡

佐藤文子・吉田一彦編　日本宗教史の諸学説はいつ、どのようにして成立したのであろうか。明治・大正以来の研究の歩みを振り返り、今後の学問の方向を探る。近代国家の展開に共振する学問史を洞察し、新たな日本宗教史研究の地平をめざす。　二九四頁

●続刊（3月発売）

2 世界のなかの日本宗教

上島　享・吉田一彦編　日本の宗教史は世界においてどのような特色を持つのか。キリスト教やイスラーム教、儒教を信仰する地域と比較。妻帯、葬送、信仰、時空意識などを考察して、アジア史、そして世界史のなかに日本宗教史を位置づける。　三三〇頁

【本シリーズの特色】

◉宗教史の視座から、現代日本の信仰、文化、社会などのあり方を再考する。

◉古代から現代に至る日本宗教の歴史を通史的に把握しつつ、各巻にその特徴を浮き彫りにするテーマを設定。

◉日本史・外国史・宗教学・文学・美術史・建築史・民俗学等の諸分野の成果を反映しつつ、垣根を越えて総合的に考察し、新たな人文学の方向性を模索する。

◉日本の宗教は世界史のなかにどのように位置づけられるのか。諸外国との交流により形成された宗教文化の実相を明確化し、国際社会と日本の関わりを描く。

◉仏教・神道・キリスト教・儒教・陰陽道など、個別の宗教や宗派研究の枠を出て、それぞれが融合・衝突・併存しつつ日本社会に定着した姿を考察する。

◉日本の思想・学問・芸術そして生活へと影響を与えた宗教文化の内実を論じ、人びとの信仰のかたちと死生観を明らかにする。

◉日本の宗教を私たちがどう自己認識してきたかを検証し、宗教の概念を問い直す。

歴史文化ライブラリー

人類誕生から現代まで／忘れられた歴史の発掘／常識への挑戦／学問の成果を誰にもわかりやすく／ハンディな造本と読みやすい活字／個性あふれる装幀

●20年10月～21年1月発売の9冊　四六判・平均二二〇頁

※通巻505は刊行が遅延していた新刊です。

505 日本赤十字社と皇室 博愛か報国か

小菅信子著

日本における赤十字による救護活動は、皇室の全面的な保護のもと普及した。日露戦争から第二次世界大戦にいたる過程で、国際主義と国家主義のはざまに立ち、国民統合装置としてゆるやかに近代日本を支えた側面を描く。

一九二頁／一七〇〇円

510 仏都鎌倉の一五〇年

今井雅晴著

武士政権が成立した鎌倉は、新たな宗派を唱える意欲的な僧侶が集まり繁栄した。幕府の指導者たちは新しい仏教の助けを借りて政治課題にどう取り組んだのか。僧侶たちの足跡や宗派の特色、仏教思想や文化に触れ描く。

二二四頁／一七〇〇円

511 戦後文学のみた〈高度成長〉

伊藤正直著

高度成長期の小説は、同時代をどう捉えていたのか。産業構造と労働、近代家族、統治システムの三つに焦点を絞り、伊藤整、庄野潤三、石川達三らの作品を経済という観点から読み解き、現代の鏡としての高度成長に迫る。

二三二頁／一七〇〇円

512 ものがたる近世琉球 喫煙・園芸・豚飼育の考古学

石井龍太著

周辺地域の影響を受けつつ独自の発展をとげた琉球。江戸時代の頃にはどのような文化が花開いたのだろうか。喫煙・園芸・豚飼育を歴史考古学の手法で掘り下げ、思想・風習・制度・行動・価値など人々の日常に迫る。

二〇六頁／一七〇〇円

513 昭和陸軍と政治 「統帥権」というジレンマ

髙杉洋平著

軍部の暴走を招いた要因とされる統帥権独立制には、政治からの軍事の独立とともに、軍部の政治介入禁止という二面性があった。軍人たちは、これらをどう認識してきたのか。政治との関わり方に苦悩する昭和陸軍に迫る。

二八二頁／一八〇〇円

514 顔の考古学 異形の精神史

設楽博己著

土偶・仮面・埴輪・土器など、〈顔〉を意匠とする造形品には、古代人のいかなるメッセージが込められていたのか。抜歯やイレズミ、笑いの誇張表現、装身具などを分析。顔への意識の変化と社会的背景を明らかにする。

二五六頁／一八〇〇円

515 伊達一族の中世 「独眼龍」以前

伊藤喜良著

「独眼龍」以前の伊達一族は、福島盆地を拠点に活動していた。鎌倉期から戦国初期までの三六〇年に及ぶ歴史を、地理的条件や諸系図、発掘調査の成果などを検討しつつ描き、戦国奥羽の覇者となる礎を築いた時代に迫る。

二五六頁／一八〇〇円

516 江戸時代の瀬戸内海交通

倉地克直著

江戸前期、瀬戸内海交通の重要性が高まった。大坂・江戸へさまざまな物が運ばれ、人びとが行き交い、海難事故に対する救助や補償の方法が定まっていく。岡山藩「御留帳御船手」から幕藩体制を支えた海上交通事情を探る。

二七二頁／一八〇〇円

517 神々と人間のエジプト神話 魔法・冒険・復讐の物語

大城道則著

旧約聖書やイソップ寓話、ハリー・ポッターなど、物語の題材の起源となったエジプト神話。神々と王・役人・庶民らが織りなす六つの神話を日本語に訳し、事物・風習・文化を解説。人々を魅了する古代エジプトへと誘う。

二三八頁／一七〇〇円

元興寺・元興寺文化財研究所編

図説 元興寺の歴史と文化財

一三〇〇年の法灯と信仰

法興寺(飛鳥寺)を前身として平城京に移建されて以来、一三〇〇年の法灯を伝える元興寺。ゆかりの文化財を豊富な写真で収載。国家的大寺院から中世以来の都市寺院へと、「二つの顔」をもつ歴史をビジュアルに紹介する。

B5判・二〇八頁／二六〇〇円

日本仏教はじまりの寺 元興寺

一三〇〇年の歴史を語る

蘇我馬子が創建した法興寺(飛鳥寺)が、平城遷都にともない奈良に移転し、元興寺と称してから一三〇〇年。古代官寺から中世的都市寺院を経て今日にいたるその歴史と文化財をわかりやすく解説。コラムも多数収録する。

A5判・二四六頁／二二〇〇円

小笠原好彦著

検証 奈良の古代仏教遺跡

飛鳥・白鳳寺院の造営と氏族

古代に都が営まれ、東アジアの文化や情報の受容拠点であった奈良。飛鳥・白鳳期の二五寺院跡などを、考古学の発掘成果と『日本書紀』などをふまえて紹介。寺院跡の所在地と瓦類から、有力氏族相互の実態に言及する。

A5判・二一六頁／二二〇〇円

みちのく歴史講座

古文書が語る東北の江戸時代

荒武賢一朗・野本禎司・藤方博之 編

武士と村落をテーマに、江戸時代と東北の地域史を読み解く古文書講座。充実の講師陣が、政宗や諸階層の侍の姿を平易に解説。自然災害など環境との関係を軸に、村落社会に生きる人々の実態も探り、古文書の魅力を語る。

A5判・二六四頁／二二〇〇円

三つのコンセプトで読み解く、新たな〝東京〟ヒストリー

B5判
平均一六〇頁
各二八〇〇円
「内容案内」送呈

9 多摩Ⅰ（地帯編6）

池 享・櫻井良樹・陣内秀信・西木浩一・吉田伸之編

崖線からの湧き水が人びとの生活を潤した立川段丘、宅地化事業に広大な土地を提供した多摩丘陵、水や森林資源をはじめ国立公園などの観光資源を提供する奥多摩。開発と豊かな自然が織りなす多摩地域の歴史を探ります。

●既刊の8冊

1 先史時代～戦国時代（通史編1）
2 江戸時代（通史編2）
3 明治時代～現代（通史編3）
4 千代田区・港区・新宿区・文京区（地帯編1）
5 中央区・台東区・墨田区・江東区（地帯編2）
6 品川区・大田区・目黒区・世田谷区（地帯編3）
7 渋谷区・中野区・杉並区・板橋区・練馬区・豊島区・北区（地帯編4）
8 足立区・葛飾区・荒川区・江戸川区（地帯編5）

●続刊

10 多摩Ⅱ・島嶼（地帯編7）

日本古代都城の形成と王権

重見 泰著

A5判・三七六頁／一一〇〇〇円

古代の王宮は天皇の支配体系を示す舞台装置であった。飛鳥の諸宮や難波宮の殿舎の機能、藤原京の造営計画、さらに天皇の正統性を主張する儀礼を考察。天皇が抱いた王権の構想と律令制都城の形成を新たな視点で描く。

日本中世の政治と制度

元木泰雄編

A5判・四二四頁／一一〇〇〇円

武士団の競合と連携、幕府主要機関・制度の構造などから、武士政権を問い直し、戦乱と地域社会の関係、公家政権のありかたの再検討など、日本の中世を見直す論考二十一篇を収録。多様な論点で、中世政治史に迫る。

光明皇后御傳 改訂増補版

宗教法人 光明宗法華寺編

A5判・三〇〇頁／六〇〇〇円

奈良朝の仏教界や政治・社会面で多大な貢献をした光明皇后。その創建となる法華寺は、千三百年法統を継承している。皇后の御心をより深く理解すべく、法華寺がゆかりの史資料を蒐集し編集。奈良時代を知るための史料集。

日本中世の村と百姓

鈴木哲雄著

A5判・三四四頁／一一〇〇〇円

中世社会における人と土地との関わり方を、土地所有から追究。東国の古文書にみえる「常地」「地本」「下地」に注目し、西国の荘園などとも比較して中世領主と百姓との契約関係、百姓の村や地域社会との結びつきを解明する。

戦後の歴史研究に輝かしい業績を遺した「角田史学」の全容

角田文衞の古代学 全4巻

公益財団法人古代学協会編

A5判／各五〇〇〇円

❷王朝の余薫（第3回）

四〇〇頁

他の追随を許さない角田文衞の平安王朝史研究。そのほとんどは著作集や研究論文集に収められてきたが、未収載、未発表のものもある。未完の名論文「高階家の悲劇」など全一七編を集め、王朝史研究の余薫を伝える。

❶後宮と女性

四二二頁

後宮はすべての淵藪(えんそう)であり、個性的な女性たちが活動を担った。角田文衞の独壇場と言うべき後宮史・人物史をテーマに、遺された珠玉の論考を集成。

❹角田文衞自叙伝

四〇〇頁

半世紀以上に及ぶ学究生活を自ら回顧した未刊の「自叙伝」に加え、後の業績に連なる萌芽的な初期論文を収録。生粋の歴史学者九五年の生涯を追う。

〈続刊〉❸ヨーロッパ古代史の再構成

手引ろくろの文化史 その技術と木地屋の系譜

小椋裕樹著

手引ろくろという独特の道具を使って、お椀などの素材を作っていた木地屋(きじや)と呼ばれる職人たち。国内各地のろくろの構造分析や地域比較から木地屋の歴史と技術系統、移住の系譜などを解明。ろくろ六六点の調査台帳を収録する。

B5判・三二八頁／一二〇〇〇円

中世禅宗史叢説 附 禅籍の口語 略解

西尾賢隆著

A5判・三〇四頁／一〇〇〇〇円

独特の用語ゆえに解読が難解な、墨蹟を含む種々の禅籍の文章を読み下し、現代語訳する。また禅僧を中心とする日中仏教の交流を概観。研究に資するため、漱石も用いた唐宋由来の話し言葉の辞典「禅籍の口語 略解」を附載。

中世醍醐寺の仏法と院家

永村 眞著

A5判・四〇二頁／九〇〇〇円

京都山科に広大な寺域を保つ醍醐寺。上醍醐と下醍醐に点在する堂塔のなかに、寺僧が止住し顕密仏法を相承する場として生まれた院家の実態を「醍醐寺文書聖教」から追究。中世仏教史に醍醐寺が果たす役割を解明する。

近世旗本領主支配と家臣団

野本禎司著

A5判・三九二頁／一一〇〇〇円

徳川将軍家の直臣、将軍直轄軍として権力の柱だった旗本家。彼らは幕府官僚職の遂行と知行所支配の両面をいかに成り立たせていたのか。領主支配の構造と家臣団の実態を解明し、江戸周辺にもたらした社会像を提示する。

日本史上随一の発給数を誇る秀吉文書、約七千通を初めて集大成。秀吉像を再検証し、豊臣政権を考察する必備の基本史料集！

豊臣秀吉文書集 全9巻

名古屋市博物館編

菊判／既刊7冊＝各八〇〇〇円

第七巻 文禄四年～慶長三年 〈最新刊〉三三六頁

後継者秀次の自刃、伏見地震の災害など、盤石と思われた政権に陰りが見え始める。朝鮮再出陣を命じるものの、明・朝鮮軍との苦難の戦いが続く。幼い秀頼を諸大名に託し六十二年の生涯を閉じるまで、七七二点を収録。

※巻数順に毎年1冊ずつ配本中

近世の遊廓と客 遊女評判記にみる作法と慣習

高木まどか著 A5判・三二〇頁／九五〇〇円

文化発祥地としての一面を持ち、日常の身分秩序は排され、すべての客は平等に扱われるとされた近世の遊廓。その言説に疑義を唱え、吉原遊廓を中心に実証的に分析。遊女評判記から、遊女や店、客同士の関係性を描き出す。

近世日朝関係と対馬藩

酒井雅代著 A5判・二八〇頁／八五〇〇円

徳川幕府は朝鮮との交渉を対馬藩に委ね、二国は倭館において接触した。日朝間の諸問題はいかに解決されたのか、最前線における通詞たちの活動から考察。日朝の史料を比較検討し、新たな視座から日朝関係史を構築する。

天皇近臣と近世の朝廷

林 大樹著 A5判・三八六頁／一二〇〇〇円

近世の天皇・公家・朝廷研究は、進展が著しい。分析が進んでいなかった天皇側近の蔵人頭・御児(おちご)・近習などの全貌を、日記や関係資料から追究。天皇の意思と朝廷の最終決定との関係を解明し、近代国家の天皇を展望する。

近世の公家社会と幕府

田中暁龍著 A5判・三五二頁／一一〇〇〇円

江戸幕府により朝廷政務の中心に置かれた摂家。彼らの支配の実態を、多様な視点から分析。公家処罰、朝廷権威を求める動きから巻き起こる身分秩序の動揺を、変質していく公家社会と関与する幕府の政策から考察する。

幕末維新の政治過程

三宅紹宣著 A5判・四五二頁／一一〇〇〇円

多様な勢力が国家のあり方を模索した幕末維新期。民衆の対外的危機の実態と社会のうねり、攘夷運動の世界史的位置づけと幕府との対抗、薩長同盟、討幕運動と幕府の倒壊、廃藩置県まで、近代国家の成立過程を解明する。

日本の近代化と民衆意識の変容 機械工の情念と行動

西成田 豊著 A5判・二七二頁／九〇〇〇円

近代化により生まれた機械工たちは、集団労働への適応が求められた。工場規則や労働時間、工場内の人間関係や欠勤などの実態、労働争議、遊興や文化に着目。民衆史と感性史の方法で、民衆意識の変化を究明する。

横浜正金銀行の研究 外国為替銀行の経営組織構築

白鳥圭志著

A5判・二二八頁／八〇〇〇円

一八八〇年に設立され、戦前日本経済を支えた横浜正金銀行。戦争・地震・金融恐慌などに翻弄された歩みを内部史料から検証。本部組織に焦点を絞り、組織管理・経営戦略の特徴を捉え、後発国の多国籍銀行の実態に迫る。

帝国日本と鉄道輸送 変容する帝国内分業と朝鮮経済

竹内祐介著

A5判・二五八頁／八〇〇〇円

台湾・朝鮮などを植民地化した日本は、鉄道物流網の構築を目指した。朝鮮内の市場がいかなる特質を持って成長し、地域間で分業体制を築いたのか。商品流通の実態を鉄道統計から分析し、日本帝国下の朝鮮経済を究明。

昭和戦時期の娯楽と検閲

金子龍司著

A5判・三〇〇頁／九〇〇〇円

一九四五年の敗戦まで続いた映画、音楽、芝居などへの検閲。流行歌やジャズ、大衆喜劇などの取締りに、投書という手段で消費者が与えた影響とは。これまでの通説に見直しを迫り、戦時娯楽政策の実相を解き明かす。

戦没者遺骨収集と戦後日本

浜井和史著

A5判・三一四頁／九五〇〇円

戦後の日本は、海外戦没者の存在に真摯に向き合ってきたのか。「遺骨収集事業」をめぐる外交交渉や政策決定過程を分析し、歴史的に考察。靖国問題にとどまらない戦没者と国家の関係をめぐる研究に新たな視座を示す。

近現代の皇室観と消費社会

右田裕規著

A5判・二七六頁／九〇〇〇円

皇室を商品とした二〇世紀のメディア・祝祭記念品の需用のあり方を検討。戦前・戦後の天皇制がいかに大衆の支持を維持し、国民統合の象徴的作用はどう変容してきたか。消費社会化が君主制国家にもたらした影響に迫る。

日本考古学年報 72（2019年度版）

日本考古学協会編集

A4判・二三〇頁／四〇〇〇円

日本考古学 第51号

日本考古学協会編集

A4判・一四二頁／四〇〇〇円

交通史研究 第97号

交通史学会編集

A5判・九二頁／二五〇〇円

鎌倉遺文研究 第46号

鎌倉遺文研究会編集

A5判・一一八頁／二〇〇〇円

大学で学ぶ東北の歴史

A5判 二六八頁〈3刷〉一九〇〇円

東北学院大学文学部歴史学科編

日本史の中に東北の歴史を位置付けるため最適なテーマを選び、遺跡・争乱・人物や自然災害など東北独自のトピックスを盛り込んだ通史テキスト。歴史愛好家や社会人など、歴史を学びなおしたい人にも最適。

富士山噴火の考古学 火山と人類の共生史

富士山考古学研究会編

A5判・三五二頁／四五〇〇円

世界文化遺産の富士山は、古来、噴火を繰り返し、生活に大きな影響を与えてきた。富士山考古学研究会が、山梨・静岡・神奈川の縄文～近世のテフラ(火山灰)が堆積した噴火罹災遺跡を考古学で詳細に検証し共生を探る。

藤原冬嗣（ふゆつぐ）(人物叢書306)

虎尾達哉著

四六判・三〇四頁／二二〇〇円

藤原北家出身の貴族。嵯峨天皇の信任を得て政界の頂点に立ち、のちの摂関家興隆の基礎を築いた。漢詩や薫物の才にも秀でたほか、最澄・空海を支え仏教界にも貢献。薬子の変や自然災害を乗り越えた非凡な政治家の生涯。

上杉謙信(人物叢書307)

山田邦明著

四六判・三四四頁／二四〇〇円

越後国の戦国大名。父長尾為景の死後、当主として関東管領上杉氏を助け、その姓と職を譲られる。信玄・信長と対決し、関東出陣を目前に病没。謙信発給の書状などから生涯を辿り、領国統治の実態や信仰、人柄に迫る。

東海の名城を歩く 静岡編

中井 均・加藤理文編

A5判・二九六頁／二五〇〇円

今川・後北条・武田・徳川ら、群雄が割拠した往時を偲ばせる石垣や曲輪が訪れる者を魅了する。静岡県内から精選した名城六〇を、西部・中部・東部に分け、豊富な図版を交えてわかりやすく紹介する。

関東大震災 鉄道被害写真集 惨状と復旧 1923―24

東京鉄道局写真部編

B5横判・二九六頁／一八〇〇〇円

東京・神奈川など一府六県に甚大な被害を与えた関東大震災。東京鉄道局の写真技師が、各沿線の被災状況や応急工事の様相を撮影した二四四枚を収めた写真帖を新装復刊。大正末期の社会・世相もよみがえる貴重な記録。

●近刊

恋する日本史
『日本歴史』編集委員会編
A5判／二〇〇〇円

古墳時代東国の地域経営
若狭 徹著
A5判／三八〇〇円

大伴旅人（人物叢書309）
鉄野昌弘著
四六判／二二〇〇円

東大寺の考古学 よみがえる天平の大伽藍（歴史文化ライブラリー518）
鶴見泰寿著
四六判／一七〇〇円

鑑真と唐招提寺の研究
眞田尊光著
A5判／一一〇〇〇円

夢語り・夢解きの中世（読みなおす日本史）
酒井紀美著
四六判／二二〇〇円

永青文庫叢書 **細川家文書** 地域行政編
熊本大学永青文庫研究センター編
A4判／二五〇〇〇円

家老の忠義 大名細川家存続の秘訣（歴史文化ライブラリー519）
林 千寿著
四六判／一七〇〇円

近世村落の領域と身分
関口博巨著
A5判／一一〇〇〇円

近世日本の災害と宗教 呪術・終末・慰霊・象徴
朴 炳道著
A5判／一二〇〇〇円

京坂キリシタン一件と大塩平八郎 史料と考察
宮崎ふみ子編
A5判／一二〇〇〇円

考証の世紀 十九世紀日本の国学考証派
大沼宜規著
A5判／一〇〇〇〇円

世界の中の近代日本と東アジア 対外政策と認識の形成
大日方純夫著
A5判／一〇〇〇〇円

幣原喜重郎（人物叢書308）
種稲秀司著
四六判／二四〇〇円

大好評のロングセラー発売中！

日本史年表・地図
児玉幸多編
B5判・一三八頁／一三〇〇円

世界史年表・地図
亀井高孝・三上次男・林 健太郎・堀米庸三編
B5判 二〇八頁 一四〇〇円

学校教育に戦争孤児たちの歴史を！
戦争の本質を学び平和学習・人権教育にいかす

戦争孤児たちの戦後史 全3巻

浅井春夫・川満 彰・平井美津子・本庄 豊・水野喜代志編
各二二〇〇円 A5判・平均二五四頁／『内容案内』送呈

3 東日本・満洲編 浅井春夫・水野喜代志編

東京周辺と満洲に暮らした戦争孤児に着目。養育院・上野地下道・残留孤児をキーワードに、児童福祉施設の運営、東京大空襲の被害や引揚の実相などを詳述。文献案内や当事者の証言も収録し、今後の研究課題を展望する。（2月発売）

既刊2冊

1 総論編 浅井春夫・川満 彰編
孤児になる経緯・ジェンダーなどの視角を重視し、現代的観点から孤児問題を考える姿勢を提示する。年表も掲載。〈2刷〉

2 西日本編 平井美津子・本庄 豊編
孤児救済に尽力した施設や原爆孤児のための精神養子運動などの取り組み、大阪大空襲や引揚、沖縄戦における実態を詳述。

ユネスコの世界文化遺産に登録された
平泉の魅力に迫る！

平泉の文化史 全3巻

菅野成寛監修
B5判・本文平均一八八頁
原色口絵八頁／『内容案内』送呈
各二六〇〇円

3 中尊寺の仏教美術 彫刻・絵画・工芸

浅井和春・長岡龍作編
宗教美術の分析は信仰を明らかにする。同時代の京都の動向や造像の比較とともに、中尊寺金色堂諸仏・経蔵文殊五尊像、金字宝塔曼荼羅、金色堂須弥壇の工芸意匠などを科学調査の成果から検討。平泉の仏教世界に迫る。（3月発売予定）

〈既刊2冊〉

1 平泉を掘る 寺院庭園・柳之御所・平泉遺跡群
及川 司編 発掘成果から中世の平泉を復元する！

2 平泉の仏教史 歴史・仏教・建築
菅野成寛編 国見山廃寺の性格から鎌倉期の中尊寺史まで。

一方的な宣伝ではなく、下もまた規範を内面化していたかどうか。次に、その点を見よう。

中央の大名―土岐氏と佐々木氏（南北朝期）

といっても、大名・武家が「足利一門が非足利一門に儀礼的に優越する」という認識を持っていたことを明瞭に示してくれる（直接語ってくれる）ような史料はそう多くはない。

では、いかなる方法をとるか。ここでは、中世後期（南北朝・室町・戦国期）に、武家儀礼の場において発生した各種相論に注目し、大名らの意識を炙り出すとの手法をとりたいと考えている。儀礼の場では、他者との関係（位置・距離）をめぐって、数々の問題が生じており、それが彼らの認識を饒舌すぎるほどに語ってくれるからである。

まずは、中央の大名から。

はじめに、南北朝期のケース。貢馬儀礼（武家が公家に馬を献上する際に行われた儀礼）をめぐる土岐氏と佐々木氏の争いを見よう（『後愚昧記』応安六年十二月二十七日条）。

応安六年（一三七三）十二月、北朝・後光厳上皇への貢馬儀礼に際して、土岐氏（頼康、または、その養子・康行）と佐々木氏（高秀）が序列争い（「馬次第相論」）を展開した。

結果、先例（「先々」）は「故導誉」（佐々木導誉。高秀の亡父）が「土岐の上」であった

（土岐氏よりも上だった）ということが分かり、今回もその方向で順序が決定したらしい。これに対して、当然土岐氏は反発し、異議（「異儀」）を申して馬を出さなかったという。この争いが起こった理由であるが、史料のなかに「今においては」と見えることから、同年八月の導誉の死が関係しているのではないかと考えられる。すなわち、「武家権勢」といわれた導誉の死を受けて、土岐氏は威勢（序列）の上昇（回復）を試みたのではないか。

いずれにせよ、土岐氏・佐々木氏はいうまでもなく幕閣の重鎮・外様の有力者であり、両者の儀礼的な上下関係の確定は極めて微妙な問題であった。

たとえば、当該期、今川了俊は、足利尊氏に忠誠を尽くした土岐頼貞（ときよりさだ）（土岐頼康の祖父）が「足利一門の次、外様の頭」（「土岐伯耆守入道は侍よりは上、一族よりは下」）であると認識していたが、同時に、尊氏とともに歩んだ佐々木道誉も同様である（「佐々木佐渡判官入道も斯くの如し」）と、両者は同等との見方を示していたのであった（『了俊大草紙』）。

そうしたなかで、今回は佐々木氏が上という決断が下されたわけだ。その背景として、本件は先例ゆえとしているのであるが、管見の限り、その実例を見つけることはできない。ただ、実際にそうした先例が仮にあったとしても、それ以上に重要なのは、やはり当時の判断、すなわち、当該期幕府管領たる細川頼之（ほそかわよりゆき）による佐々木贔屓（びいき）であったと思われる。

南北朝期研究の大家である小川信（おがわまこと）は、この時代、土岐氏を反頼之派の急先鋒とする一方、佐々木氏を頼之の大きな味方であったとし、頼之は佐々木氏を優遇したと見ている（小川：一九八〇、小川：一九八九）。要するに、佐々木氏は、政治的な事情から、儀礼的にも厚遇されたと考えられるのである。

とはいえ、儀礼的に拮抗する両者であったわけであるから、土岐氏は佐々木氏の下に座すことなどできないと判断し、結果、同氏はこのとき本当に貢馬を拒絶したらしく、実際に、同年の序列のなかにその名を見ることはできない（表参照）。少しの儀礼的な位置が、大きな政治的な問題にまで発展したわけで、フランス国王ルイ十四世の科白「そんなことは単に儀礼の問題に過ぎないなどと考える者は、大きな過ちを犯している。それは蔑ろにしてよいようなものではないどころか、必ず重大な結果をもたらすだろう」がこだまする。

この後、土岐氏が貢馬儀礼に再登場してくるのは、その数年後の康暦元年（一三七九）十二月のことであり、そこにおいて同氏は佐々木氏よりも上にすえられた。ちなみに、表から、このとき一番斯波（しば）氏、二番山名氏、三番土岐氏、四番・五番佐々木氏であったこと、それまでは三番・四番が佐々木氏だったこと、土岐氏は不参加であったことなどが分かる。

表　『花営三代記』に見る貢馬儀礼の序列

年	西暦	1	2	3	4	5	6	7	8	9	10
応安6年	一三七三	御馬	山名	佐々木	佐々木	赤松	中条	小山	佐竹	上杉	御馬
応安7年	一三七四	御馬	山名	佐々木	佐々木	赤松	中条	小山	佐竹	結城	上杉
永和2年	一三七六	細川	山名	佐々木	佐々木	赤松	中条	上杉	小山	佐竹	御馬
康暦元年	一三七九	斯波	山名	土岐	佐々木	佐々木	赤松	中条	上杉	小山	御馬
応永31年	一四二四	畠山	山名	土岐	佐々木	赤松	佐々木	中条			

なお、土岐氏が上となった背景としては、いうまでもなく、同年前半に勃発した康暦（こうりやく）の政変の影響が考えられよう。すなわち、細川氏を失脚させて管領の座に返り咲いた斯波氏が、自身と緊密な関係にあった土岐氏を儀礼面においても優遇・厚遇した結果と思われる。

この、土岐氏が三番、佐々木氏がそれ以下という貢馬の序列は、その後の応永三十一年（一四二四）の段階でも確認される（表参照）が、佐々木氏としては、それはやはり不服だったようで、同二十九年の貢馬儀礼では土岐・佐々木両氏が再び衝突している（『看聞御記（かんもんぎょき）』応永二十九年十二月二十七日条）。ただ、戦国期の故実書にも、管領、山名氏、土岐氏、佐々木氏の順番で書かれていることから、基本的には土岐氏は佐々木氏よりも上だったようだ。土岐氏は『土岐家聞書』『家中竹馬記』などを書き残し、そのなかで自家が「足利一門の次、外様の頭」であると繰り返し主張していたが（後述）、それは必ずしも故なきことではなかったのである。

このように、土岐氏と佐々木氏は長きにわたってお互いを強く意識しあっていたのだが、ここで注意したいのは、それがあくまでも貢馬序列の三位をめぐる争いだったことである。すなわち、両者は一位の管領（細川氏・斯波氏）、二位の山名氏（これらはいずれも足利一門だ）とは争う姿勢をまったく示しておらず、あくまでも三位（外様の頭たる地位）をめぐって争っていたにすぎないのである。外様の土岐・佐々木両氏は足利一門との間に争うべからざる壁を意識していたと解釈せざるをえない。

他方、管領たる細川・斯波両氏もそれぞれ佐々木氏（応安年間）・土岐氏（康暦年間）を優遇したものの、厚遇したとしても、二位の山名氏（足利一門）より下であることは自明・当然としており（とりわけ、細川氏が、優遇していたはずの佐々木氏よりも、不和の関係にあった山名氏を上にすえていた事実は決定的である）、そこに何ら疑問は差し挟まれていなかった。やはり、足利一門と非足利一門のあいだの壁は厚いといわなくてはならない。

とはいえ、南北朝期には足利一門の優越性は、まだ確定されていなかった。足利氏自体の絶対性が未確立であったため、一族の権威もまた疑問視されることもあったのである。

佐々木氏と山名氏（南北朝期）

それを示すのが、佐々木氏（導誉）と山名氏（師義）の喧嘩の記事である（『太平記』）。文和元年（一三五二）、山名氏は若狭国税所今富名（小浜湊を含む西日本海水運の重要な拠点であり、当時、小国の守護となるくらいなら、ここがほしいとまでいわれて、有力者の争奪戦の対象となっていた）の知行回復を幕府に申請しようと佐々木氏のもとへ赴いたけれども、佐々木氏はこれをのらりくらりとかわして一向に取り次ごうとしない。これに山名氏は、「私（山名氏）は大樹（将軍・足利氏）の一門に連なる身分であり、佐々木氏の振る舞いはあまりにも無礼である」と激怒し、伯耆国へ下向、反幕府方となったという。

山名氏反逆の背景には、佐々木氏とのあいだに燻っていた守護職（若狭国・出雲国）の問題や、若狭国税所今富名の領有権をめぐるトラブル、西日本海水運での抗争などが指摘されており、それぞれ至当だと思われるが（森：一九九四、市川：二〇一七）、直接の原因（師義激昂の引き金となった決定的な事件）としては足利一門山名氏に対する外様佐々木氏の無礼な態度という『太平記』の記述も、これまでの結果からすればあながち否定できない。

ともあれ、「足利一門が非足利一門に儀礼的に優越する」との発想が、すでに社会において一定の真実味を帯びつつ存在していたということは、この『太平記』の記事から分かる。換言すれば、足利一門の儀礼的優越性を当然視する人々がいる一方、かかる観念を前提としない人々もいたことがうかがえるのであり、価値観確立への過渡的状況が見て取れる。事実、南北朝期は足利氏の権威も未確定であり、足利一門の権威が確立していたとは考えがたい。

山名氏と一色氏（室町期）

しかし、室町期、足利氏の権威が確立してくるなかで、一門の権威もまた確定してくるわけで、次に、そのケースを見てみたい。貢馬儀礼をめぐる山名氏と一色氏の争いである（『満済准后日記』永享五年正月二十四日条）。

永享四年（一四三二）、貢馬儀礼に際して、足利氏（義教）は一色氏（持信）に勤仕を命じた。だが、一色氏は自らの序列が三番、すなわち、二番たる山名氏（時熙）の「下」「次」となってしまうことを嫌がり、徹底抗命した。

一色氏に貢馬の役が命じられたのは、これまで同役を勤仕してきた中条氏（詮秀・満平父子。三河国の武家領主）が、同年、足利氏の勘気を蒙って突如没落し、それにかわって中条氏領（の一部）を継承した一色氏が急遽その役を引き受けることとなったためである。

だが、中条氏の貢馬の序列は低く、足利一門の山名氏（序列二番）はもちろん、外様の土岐氏・佐々木氏・赤松氏らよりも下（「最末」）に位置づけられていたのである（表参照）。

そこで問題となったのが、中条氏にかわり貢馬儀礼に加わることとなった一色氏の位置であった。

足利氏は、一色氏を山名氏の下、外様の上にすえようとした。しかし、一色氏は、同じ足利一門である（四職家としても同格の）山名氏の下に甘んじることはそのプライドが許さず、上意を拒み続けた。結局、足利氏は一色氏への説得を断念し、自ら貢馬を勤めたという。

ここから分かることは、以下の三点である。

ひとつは、一色氏が同じ足利一門（山名氏）に対しては同格を強く自負する一方、外様（土岐氏・佐々木氏ら）に対してはその優位をまったく自明としていたことである。実は、持信は一色氏の当主ではなく、その弟だった（当主は兄・義貫）。それでもこの姿勢である。

なお、兄・義貫も、永享二年、足利一門畠山氏（持国）と行列に際して儀礼的な位置をめぐって激しく争い、敗れたことを「家の恥辱」であるとして、自害の準備までしたという（『満済准后日記』永享二年七月二十日条、『看聞御記』同月二十五日条）。畠山氏は管領家（上）、一色氏は四職家（下）であるが、足利一門としては同格ということなのだろう。

もうひとつは、外様も一色氏が上となる事態に何ら反対を示していないことである。①で見たように、土岐氏・佐々木氏の外様同士が激しく争った際、足利一門（山名氏）が上であることについては管領・外様双方からまったく問題とされなかったのと同じように、ここでは山名氏・一色氏の足利一門同士が争い、そこにおいて足利一門・外様はともに、前者（足利一門）が後者（外様）の上に位置することについて、何ら疑問を感じていない。

またひとつは、足利氏もそのような認識を共有していたことである。足利氏が一色氏を「三番」（すなわち、足利一門山名氏の下、外様土岐氏の上）としたことからも分かるように、将軍もまた自らの一門が外様（非一門）の上にいることは当然と考えていたのである。

中央の大名は「足利一門が非足利一門に儀礼的に優越する」という認識を共有していた。

戦国期でも

最後に、戦国期における大名の認識を確認しておく。

先ほど見たように、在京の細川氏は、今川氏（足利一門）と武田氏（非足利一門）に関して、前者の儀礼的優位を当然視していたが、同様に、播磨国の赤松氏も、自らが「左衛門佐」という官途になったことを、それは特別なもので、能登国の畠山氏（能登守護）や因幡国の山名氏（因幡守護）のように、本来は「御紋せられ候方」（足利一門）でなくてはなれないものであると強調しており、自身の身分が足利一門並みに上昇したことを「面目の至りに候」と大変喜んでいる（赤松則実書状案「白国文書」）。足利一門の優越は前提であった。

そして、美濃国の土岐氏のアイデンティティーであるが、彼が自家のことを「当方土岐は、御一族（足利一門）の次、諸家の頭たるべし」「等持院殿（足利尊氏）の御一家（一門）の次、諸家の頭たるべし」と述べていたことは非常に面白い（『土岐家聞書』『家中竹馬記』）。

すなわち、戦国期の土岐氏は「足利一門の次、非足利一門（外様）の頭」と考えていたのである。このことは、南北朝期の今川了俊も述べており（先述）、また、室町・戦国期の幕府も足利一門の次に土岐氏を置いていることから（『見聞諸家紋』）、事実としてそこまで間違っておらず、必ずしも土岐氏の独善ではないわけであるが、ここでより注目しておきたいのは、やはり戦国期にもなお足利一門の儀礼的優位がうかがえるということである。

なお、土岐氏の威勢について、興味深い実例を、ここでもう一件だけ紹介しておこう。永享二年七月、京都将軍足利義教の右大将拝賀（天皇に右大将任官のお礼をすること）というイベントでは、畠山氏・佐々木氏・富樫氏・土岐氏＋管領（斯波氏）が供奉しており（『普広院殿御元服記』、『薩戒記』永享二年七月二十五日条、『満済准后日記』同日条）、また康正二年（一四五六）七月の足利義政の右大将拝賀では、畠山氏・佐々木氏・伊勢氏・富樫氏・土岐氏＋管領（細川氏）が供奉していた（『斎藤基恒日記』康正二年七月二十五日条。ここでは、後述するように、義政の「御父」伊勢貞親が加わっている）。

いずれの場合も土岐持益（永享度）・土岐成頼（康正度）が後陣に位置していたのであるが、その後陣とは、足利一門たる管領（斯波氏・細川氏）や前陣（畠山氏）に次いで最も重要なポジションであり、その威勢は、成頼の画像賛に「康正太平の秋、大将（義政）に殿して後陣たるときは、則ち頗牧（古代中国・戦国時代の趙の武将、廉頗と李牧）の軍容、禁林を傾く」とあることからもうかがえるところである（岐阜市瑞龍寺所蔵、土岐成頼画像、東陽英朝賛）。

ところが、文明十八年（一四八六）七月の京都将軍足利義尚の右大将拝賀では、畠山氏・佐々木氏・伊勢氏・富樫氏＋管領（細川氏）が供奉し、土岐成頼の姿は見えない（『大

図12　土岐成頼画像（岐阜市瑞龍寺所蔵）

日本史料』文明十八年七月二十九日条）。

この供奉にあわせて畠山尚順は近江国から上洛し尾張守に任じられ、佐々木経秀もまた出雲国から上洛し治部少輔に任じられた。富樫政親も加賀国から上洛して公家から平鞘の太刀を借りるなど、それぞれ準備を整えていたのであるが、成頼は文明九年に美濃国へ下向してから動く気配を見せず、ついに在国したまま、儀式に参加しなかった。

これについて、戦国期土岐氏の故実書である『土岐家聞書』『家中竹馬記』は、加わろうとはしていたのだけれども、油断して遅怠するというまったくのミスをおかしてしまい、その場所＝後陣を望む人もいた。けれども、そうしたなかで将軍・義尚は、後陣は土岐氏でなくては務まらないとして、その場所を空けておいてくれた、として土岐氏の面目へと話をつなげていく。要するに、もはや本人は不在であったとしても、京都ではみな後陣＝土岐氏の姿・行列を幻視していたというのであり、すでに確立している土岐氏の地位・威勢をうかがわせる話となっている。

この点、事実としては、土岐成頼・政房（まさふさ）父子は長享元年（一四八七）に将軍・義尚から追討の対象とされ、その後まもなく出仕するにいたるから（小池：二〇一九）、成頼の儀礼不参加は意図的だった可能性が高い。よって、『土岐家聞書』『家中竹馬記』には土岐氏を美化した部分もあるわけだが、他方、土岐氏にかわり他氏が後陣に採用された事実はなく、成頼不在（空白）のまま儀式が執り行われたことからすると、後陣＝土岐氏という意識は確かにあったようで、容易には代替不可能な土岐氏の地位がうかがえる。すなわち、後陣＝足利一門に次ぐ土岐氏の姿である。

以上のように、室町期のみならず、戦国期にも、中央・近国の大名たちは、足利一門の儀礼的優越性を認識していた。では、同様の意識は、地方の武家にも浸透していたのか。

続けて、地方の武家へ。

まず、九州の事例。

地方の武家―九州

南北朝期における吉良氏と高氏の儀礼的争いを伝える『酒匂安国寺申状』から見たい。『酒匂安国寺申状』とは、永享年間（一四二九〜四一）頃の成立とされるもので、南九州に伝わる史料である。記主は、当時、薩隅日三か国（薩摩国・大隅国・日向国）に多大なる影響力を有した大名島津氏の被官酒匂氏（酒匂安国寺）で、その内容は、島津氏誕生以降の歴史を数多く書き記したものである。ゆえに、『酒匂安国寺申状』は近世島津氏の歴史編纂事業はもとより、近現代の歴史学においても基本とされている重要史料である。

そこには、次のような(A)〜(C)の一連の話が記されている。

(A)　康永四年（一三四五）、初代将軍足利尊氏の時代に天龍寺供養が行われた。その際、尊氏の随兵として、吉良氏（満貞）と高氏（師直）が並んで供奉することとなった。だが、吉良氏はそれを嫌がった。そのため、あくまでも吉良氏が高氏を御供として連れるというかたちをとり、両者は並ぶことなく、高氏が吉良氏の後ろをいくということで落ち着いた。

(B)　明徳三年（一三九二）、三代将軍足利義満の時代に相国寺供養が行われた。その際、義満の随兵として、吉良氏（俊氏）と高氏（師英）が並んで供奉することとなった。だが、吉良氏はそれを嫌がった。そして、(A)の話を先例として将軍に示した。そのため、再び、あくまでも吉良氏が高氏を御供として連れるというかたちをとり、両者は並ぶことなく、高氏が吉良氏の後ろをいくということで落ち着いた。

(C)　(A)(B)から導かれる話。すなわち、権勢を誇る高氏（「威勢もいかめしく、肩をならぶる人もなく候」）などよりも吉良氏のほうが格上なのは（「いかに人をゑらび進し候とも、御合手には成まじく候」）、吉良氏が将軍足利家の「御一家」（足利一門）だからである（「当御代〈足利氏〉の御一家〈一門〉にて御渡り候程に」「当御代の御事にて候のあいだ」「大名もはばかりて、近習も恐れをなし申し候」）。同様に、守護島津家においても「御一家」（島津一族）は尊重されなくてはならない。

以上のように、(C)の結論を述べる（島津家内部の現状を批判する）ために、酒匂氏はわざわざ幕府の話を持ち出して(A)(B)を示したのである。その結果、吉良・高両氏が南九州の史料の中に僅かながらもしっかりと出てくるわけであり、酒匂氏のような九州という辺境・遠隔地の一地方武家に「足利一門（吉良氏に代表される）が非足利一門（高氏に代表される）に儀礼的に優越する」との認識があったこともまたはっきりとうかがえるのである。

このような意識（しかも地方人のそれ）までうかがい知ることのできる『酒匂安国寺申状』は、数少ない同時代の認識を知るうえで極めて貴重な史料といえるだろう。

なお、酒匂氏の述べた天龍寺・相国寺両供養の話については、史実とのあいだにいくばくかの齟齬が見られる（たとえば、天龍寺供養に際し、吉良氏の相手は高師直ではなく、高師兼―師直の従兄弟・甥・猶子―であった）ものの、総じて事実にそくして構成されており、実際に吉良氏と高氏は並び、吉良氏ら足利一門は儀礼的に厚遇されていた。また、行列に際し、何らかのトラブルが発生したことも確認される（『園太暦』康永四年八月二十九日条）。師兼ではなく師直にデフォルメされたのは、『太平記』なども通して、彼が当時から有名な、悪名高き人物だったからにほかならないだろう（師兼だと知名度・インパクトに欠ける）。

付言しておくと、近世、『忠臣蔵』の物語において、吉良上野介は高師直に、浅野内匠頭は塩冶高貞に、それぞれ仮託されたが、それは近世吉良氏が高家の役職にあったことや、赤穂の塩がかけられているわけだが、すでに見たように、吉良氏と高氏が対であるとの発想は、中世にまで遡ることが分かる。ちなみに、その初見は建武元年（一三三四）の後醍醐天皇賀茂両社行幸の記事であると見られる（足利尊氏随兵次第写「長門小早川家文書」)。

また、これらの話をそもそも酒匂氏が知っていた事情としては、①同氏が島津氏の京都代官（在京雑掌）的な存在であり、中央の情勢に精通していただろうこと、②天龍寺供養には島津一族（島津忠氏。当時の当主・島津貞久の弟）が参加していたこと、③両供養が足利氏の「御威光」を世に示す一大ページェントであったことなどを挙げることができる。中央と地方（中世日本の都鄙関係）。それは、遠く切り離された異なる世界などではなく、人や情報が行き交い、さまざまな回路で接続された、ひとつの社会（都鄙連続体）であった。

地方の武家──奥羽

次に、奥羽の事例。戦国期における奥州探題大崎氏の足利一門への扱いを記した『奥州余目記録』を見たい。

『奥州余目記録』とは、原型部分は文明年間（一四六九〜八七）前半頃に形成され、永正十一年（一五一四）の成立とされるもので、奥州に伝わる史料である。記主は、当時、陸奥国府（多賀国府）を中心に勢力を築いた武家領主留守氏の被官佐藤氏で、その内容は、留守氏誕生以降の歴史を数多く書き記したものに加え、奥州探題大崎氏関係の記述も厚い。

ゆえに、『奥州余目記録』は中世奥羽の世界を語るうえで基本とされている重要史料である。

そこには、奥州探題大崎氏からの書状で「謹上書」という厚礼な形式をとるのは、陸奥・出羽（でわ）両国においては、斯波殿（高水寺（こうすいじ）斯波氏）・塩松（しおのまつ）殿（塩松石橋氏）・二本松殿（二本松畠山氏）・山形殿（最上（もがみ）氏）・天童殿（天童氏）の五人（五家）だけだと書かれているのだ。

つまり、当該期の東北でも、やはり高水寺斯波氏・塩松石橋氏・二本松畠山氏・最上氏・天童氏（最上・天童両氏は斯波一族）ら足利一門の位置づけが極めて高く、彼らは伊達氏・葛西氏・南部氏・留守氏・白川氏・蘆名（あしな）氏・岩城（いわき）氏などの奥羽の国人（こくじん）（非足利一門）とは明確に区別され、その上に位置していた（垣内：二〇〇六）。

こうした認識を示す『奥州余目記録』の作成に関与したのは、陸奥国の武家領主だった留守氏の被官佐藤氏であり、九州の酒匂氏のケースと同様、佐藤氏のような奥羽の一地方武家からも「足利一門が非足利一門に儀礼的に優越する」との意識がうかがえるのである。

なお、『奥州余目記録』は、奥州探題大崎氏が、室町幕府の中心メンバーのうち、斯波氏・畠山氏・細川氏・山名氏（足利一門）への書状に比べて、赤松氏・佐々木氏・土岐氏

（非足利一門）へのそれは少々薄礼にした、と記している。このような部分などからも、足利一門と非足利一門のあいだには儀礼的な格差が設けられて当然だとの意識が看取されよう。

地方の武家―関東

最後に、関東の事例。

室町・戦国期における鎌倉府での足利一門の扱いが記された『鎌倉年中行事』を見たい。

『鎌倉年中行事』とは、原型部分は応永年間（一三九四～一四二八）後半頃に形成され、享徳五年（一四五六、康正二）の成立とされるもので、東国に伝わる史料である。記主は、当時、鎌倉府（関東公方足利氏）に仕えた奉公衆海老名氏で、その内容は、正月から十二月まで春夏秋冬の多様な年中行事、不定期に開催される公方独自の行事、管領・奉公衆・外様・足利一門ら東国の武家・寺社が遵守すべき儀礼的な規範などが数多く書き記されている。ゆえに、『鎌倉年中行事』は中世東国史研究において基本とされている重要史料である。

そこには、道（路頭）で奉公衆が関東管領（上杉氏＝非足利一門）、もしくは、足利一門と遭遇した場合、奉公衆が下馬するときは、管領も奉公衆相手に下馬する必要があるが、足利一門はその必要がないというのである（「諸奉公中下馬致す時は」「管領下馬あるなり、御一家は下馬なし」）。なお、奉公衆は、管領相手には、遠ければ早くよけ、近ければ下馬するが、足利一門筆頭吉良氏相手には下馬で、それ以外の足利一門は人によるという。総じて、足利一門が儀礼的に優位に位置すると思われていたことは明らかであろう。

こうした認識を示す『鎌倉年中行事』の作成に関与したのは、鎌倉府（関東公方足利氏）の奉公衆海老名氏である。やはり、九州の酒匂氏や奥州の佐藤氏のケースと同様、関東の武家からも「足利一門が非足利一門に儀礼的に優越する」との意識がうかがえるのである。

以上のように、中世後期の地方武家（九州・奥州・関東の公方・大名・国人被官を中心に、探題大崎氏なども含めて）に「足利一門が非足利一門に儀礼的に優越する」との認識が見られることを指摘した。

では、かかる意識は、南は酒匂氏、北は佐藤氏や大崎氏、東は海老名氏のみにとどまる特殊なものであったのであろうか。そうではないだろう。というのも、まず、奥羽・関東の場合、立論の根拠となったのが、『奥州余目記録』や『鎌倉年中行事』のなかの探題府や鎌倉府による書札礼（しょさつれい）・路頭礼（ろとうれい）（これまで実践され、これからも繰り返されていくべき地域の儀礼的ルール）を描いた部分であったことは、その捕捉（共有）対象が佐藤氏・大崎氏や海老名氏にとどまらず、東北・関東全域の武家であったことを示しているからである。ルールとは、ひとりで守るようなものではない。社会全体で広く遵守されるものである。

つまり、右の認識は、広く東国全土を覆っていたものと考えられるのである。そして、そのような意識が同時代的に列島の東・南・北で共通して見られ、とりわけ、九州最南端の鹿児島でもうかがえたことは、それが西国でも九州の酒匂氏一人にとどまらない、普遍的なものであった（酒匂氏のような在京経験者を通して各国武家にも伝わった）と考えるのに十分だからである。ともあれ、ここでは中世後期の地方武家にも「足利一門が非足利一門に儀礼的に優越する」との認識が見られたことを改めて確認・指摘しておきたいと思う。

足利一門になるということ

足利一門化

以上のように、中世後期には、列島の東西南北で、足利氏を頂点とし、足利一門を上位とする秩序意識・序列認識が共有されていた。このように「足利一門であること」に価値があるということになると、必然的に「足利一門になること」も価値を帯びざるをえず、結果、数々の武家が足利一門化を目指していった。それが次にみる足利一門化行為である。

これには、①「栄典」として上（足利氏）から正式に授与されるパターンと、②「主張」として武家が勝手に名乗るパターンのふたつがある。以下、それぞれのケースを眺めよう。

栄典としての足利一門化—恩賞による場合

まず、上からの栄典授与としての足利一門化だが、具体的には、①恩賞として足利一門の待遇を得たもの、そして、②将軍の側近として採用されるうえで足利一門化したもの、のふたつがある。
はじめに、恩賞によるケース。

建武三年（一三三六）、九州の大友氏は、忠節によって足利氏から猶子の待遇を得ている（足利尊氏書状案「筑後大友文書」）。当時、足利尊氏は後醍醐天皇の軍勢に打ち負けて、鎮西へと敗走する途上にあり、そのため、豊後国の大友氏泰（うじやす）との関係を強化しようとしたものと見られる。その後、大友氏は源姓で確認されるものの、同氏が永続的に足利一門として扱われることはなかった。同様に、明徳四年（一三九三）、西国の大内氏もまた、九州の平定や、山名氏清の乱鎮圧の功績によって、足利一門としての待遇を得ているが、それが大内義弘の乱によって、足利義満から剝奪されてしまったことはすでに見た通りである。

また、東国でも、長禄二年（一四五八）、小山氏が足利氏から兄弟として認められている（足利成氏契状写「小山氏文書」）。関東の戦国期のはじまりとなった享徳（きょうとく）の乱（関東公方と、京都将軍・関東管領のあいだの戦争）において、関東公方足利成氏は、下野（しもつけ）国の小山持政のこれまでの忠節を激賞し、優遇することにより、これからも頼ろうとしたようだが、持政はその後、結果的に成氏のもとから離れてしまい、当然ながら、足利一門としても見えなくなる。そのほか、十五世紀末頃以降になってくると、上杉氏や北条氏といった関東管領クラスの人々が、関東公方足利氏から足利一門並みの待遇を得ていくようになる。ただし、正式な足利一門と完全に同等というわけではなく、依然として格差は残り続けている。

このほか、永禄二年（一五五九）には、越後国の長尾景虎（後の上杉謙信）も京都将軍足利義輝から足利一門並みの待遇を認められている（大館晴光副状「上杉家文書」）。他方、明応二年（一四九三）、京都管領細川政元は、明応の政変で功績のあった被官上原元秀に、恩賞として細川名字を与えて足利一門化しようとしたが、これはまさに異例なこととされ、ほかの細川被官たちからの反発を受けて、中止に追い込まれている（『大乗院寺社雑事記』明応二年七月十二日条）。そして、はやくもその数か月後には、元秀はほかの細川被官との喧嘩によって死んでしまった。

以上のように、足利一門化する事例は僅かながら見られ、いずれも恩賞としてはかなりの待遇（「誠に御面目の至り」「希有の事なり」）だったが、本来の足利一門と完全に対等ではなく、また、家格を維持するのも非常に困難であり、そのうえ、台頭したことにより、周囲の人々からの反発を招いてしまい、没落する危険性もあったことは注意が必要である。

続けて、側近化に伴うケース。

側近化に伴う場合

嘉吉三年（一四四三）、幕臣の伊勢貞親が、足利義政の「御父」に定められた（『康富記』嘉吉三年八月晦日条）。これは、この直前に京都将軍足利義勝が天逝したため、急遽、その弟の義政（幼名三春、当時八歳）が将軍後継として選ばれたのを受けてのことであった。この「御父」とは、「御乳」、すなわち、「乳父」（子供の養育者・後見人）のことではないかと思われる。ただ、その後、伊勢氏が足利一門として扱われることはなかった。

また、戦国期、足利氏は、武家らを側近に登用していく際、上杉氏・種村氏に一色氏、大原氏に細川氏、木阿弥息幸子に畠山氏と、足利一門の名字を授与していたことも知られ、これは「入名字」と呼ばれている（設楽：一九八七、設楽：一九八九）。だが、この入名字は将軍との個人的な関係によって成立していたものであったため、将軍の交替によって剝奪されることもあった（『蔭涼軒日録』延徳二年四月五日条）。

このほか、戦国期、京都将軍足利義尚は、自身の寵愛する観世座猿楽師彦次郎に、足利

図13　足利一門と広沢系図

義康─┬─義清（矢田）─義実（広沢）─┬─実国（仁木）
　　　│　　　　　　　　　　　　　　　├─義季（細川）
　　　│　　　　　　　　　　　　　　　└─義宗（戸賀崎）→荒川
　　　└─義兼（足利）

一門の「広沢」という名字を授けて武家身分に取り立てている（広沢尚正）。この広沢は、先ほどの足利一門メンバーリストには見えない名字だが、仁木氏・細川氏・戸賀崎氏らの祖に広沢（広沢判官代義実）がいるので、そこからとったものなのかもしれない。ただ、このような措置はさすがに「前代未聞の事」「不思議の事」とされ、大名らもみな嘲弄（ちょうろう）し、細川氏・一色氏にいたっては一致団結して広沢排撃へと向けて動いている（『大日本史料』文明十五年十二月一日条）。

以上のように、ここでも足利一門化する事例は僅かながら見られたが、やはり本来的な足利一門とは異なる存在とされ、身分の維持も難しく、将軍個人から寵愛されたことで、近隣の大名からは不興を買ってしまい、名字（のみならず生命も）を失う危険性もあった。とはいえ、足利一門化は相当な身分上昇であり、それはまさに超えられない壁（足利という血で塗り固められていた壁）を超えることであったため、嫉妬・羨望されたのである。

主張としての足利一門化—一門名字

そのため、上からの足利一門化に加えて、下からも足利一門であることを宣伝する動きが見られ出す。主張としての足利一門化である。

具体的には、①足利一門の名字を名乗ること、②源頼朝の末裔を主張すること、③足利尊氏の由緒を語ることの三つがある。

要するに、みな、「真実」を捻じ曲げてでも足利氏の一族に連なりたがっていたのであり、改めて、足利一門であること、その権威・価値を全国の武家が共有していたことがよく分かるだろう。

まずは、足利一門の名字を名乗るケース。

長禄二年、京都将軍足利義政は、奉公衆の庄四郎五郎に「一色」名字を名乗ることを許した（『蔭凉軒日録』長禄二年十二月二十日条）。その後、庄四郎五郎は、一色五郎（後に一色又五郎）と名乗っており、これは「尤も恩栄の上意」とされている。ここで庄氏が一色名字を名乗った背景としては、①同氏が佐々木氏とのあいだに近江国十三条をめぐるトラブル（所領問題）を抱えており、②庄四郎五郎が禅僧の茂叔集樹（義政側近・季瓊真蘂の弟子）の縁者であって（『蔭凉軒日録』長禄二年九月二十日条）、③その集樹が足利一門・

一色大蔵大輔の弟であったことから（『蔭凉軒日録』長享元年四月二十七日条）、一色氏を名乗ることで、佐々木氏との訴訟を有利に展開することを狙ったのではないか。事実、庄氏は勝訴しているわけで、さまざまな縁をつたって勝利をつかんだといえるだろう。

また、天文四年（一五三五）頃、三河国の武家領主・松平清康が「世良田」名字を名乗り（「大樹寺多宝塔心柱墨書銘写」）、その孫の元康（家康）が「徳川」（得川）名字を名乗ったことは有名だろう。これらはいずれも足利一門の名字であり、当時、足利一門のひしく三河国や東海地方内外において、自らもまたそれに連なることで、彼らは周辺の他氏（非足利一門）よりも上位・優位にあると主張したかったのではないか。なお、この徳川名字は、最終的に京都将軍足利義昭からも公認されている。ここで注意すべきは、松平氏が「足利とは異なる新田」「足利のライバル新田」を名乗ったわけではなく、足利氏を否定するという状況にもないことである。足利氏の天下において、足利一門を名乗ることで、その権威・威光にあやかろうとしていたにすぎない。「足利とは異なる新田」「足利のライバル新田」という「太平記史観」や、さらにはそれに基づいて成立した近世以降の「徳川史観」から解釈してしまっては、清康や元康の思いを読み誤ることになってしまうだろう。

同様に、永禄四年頃、美濃国の斎藤義龍が「一色」名字を名乗った。その際には、被官にも一色被官の名字を名乗らせるという徹底ぶりであった（安藤氏は伊賀氏、桑原氏は氏家氏、竹腰氏は成吉氏、日根野氏は延永氏）。この背景には、美濃守護土岐氏や近江国の佐々木氏らとの対抗関係があり、彼らを超えている状況を宣伝したかったことがあったと見られている（木下：二〇〇七、石川：二〇一四）。とりわけ、先に見たように、美濃守護の土岐氏の自己認識が「足利一門の次、非足利一門の頭」だったことを想起するならば、美濃国の斎藤氏が足利一門となることで、旧主・土岐氏は完全に超克されたことになるわけである。なお、この一色名字は、京都将軍足利義輝からも承認されている。

そして、東国でも、永禄七年頃、上野国の横瀬成繁（よこせなりしげ）が「由良（ゆら）」名字を名乗った。横瀬氏はもともと足利一門岩松氏の被官にすぎなかったが、京都将軍の有力直臣となって、その始祖を足利一門新田義貞の子（義貞の孫とも）貞氏に求める系譜を作成し、鎌倉期新田氏の本拠であった由良の地名を採用して由良名字に改称したと考えられている（黒田：二〇〇一）。同時に、関東公方からも足利一門並みの扱いを受けており、横瀬氏は東西両足利氏から由良名字を認められたことになる。なお、由良名字については、先に掲げた足利一門メンバーリストにはなく、不明な点も少なくないが、すでに当時、足利一門のひとつとして認識されていたのだろう。

頼朝末裔

次に、源頼朝の末裔を主張するケース。

永享年間（一四二九～四一）頃以前、東国では結城氏が、西国では島津氏が、それぞれ頼朝の末裔を名乗っている（『酒匂安国寺申状』）。結城氏についてはすでに見たように、戦国期にも源姓で確認され、同様に、島津氏についてもまた戦国期に源姓で確認されるが、ここで注目されるのは、当時の朝鮮側の史料に、島津氏が「源忠国、国王族親」と見えていることである（『海東諸国紀』）。これは島津氏の主張が反映された結果と解され、要するに、同氏は源氏・足利一門と語っていたわけである。これは当時、吉見氏（源範頼の後裔。源為義―義朝流）が足利一門とされたため、島津氏も頼朝の苗裔を名乗ることで、自身もまた足利一門だと喧伝する狙いがあったのではないかと想定されている。

実は、このアピールは京都まで届いていた。康正元年（一四五五）、相国寺の禅僧・瑞渓周鳳のもとに京都―九州（日向国）を往来していた東福寺の禅僧・季亨玄厳がやってきて、はじめて南九州三か国（薩摩国・大隅国・日向国）を領有したのは島津氏の初代・忠久で、彼は「（源）義朝の子」（源頼朝の誤記か）だと語っていたからである（『臥雲日件録抜尤』康正元年正月二十六日条）。

だが、幕府がそれを公認することはなく、島津氏の一方的な主張でおわった。結城氏の場合も、鎮守府将軍藤原秀郷の末裔という誇るべき立場を捨て去ってまでして、頼朝後裔（足利一門）を主張したが、鎌倉府がそれを承認することはなかった。室町期、結城氏は公方からの信任が厚く、その自信もあって、頼朝苗裔主張に踏み切ったのかもしれない。しかし、それが公認されることはなかったのである。他方、南九州の島津氏の場合、その宣伝の背景には当然ライバルとなるべき存在が想定される。それは、豊後国の大友氏だ。

実は、大友氏もまた、当該期に源頼朝との関わりを唱えていた可能性がある。それは、十五世紀後半に成立した『山田聖栄自記』という史料に、「大友の一法師（大友能直）とて、豊後在国、斎院司次官（中原）親能の子なり、此の仁（能直）の事、（源）頼朝去る謂われ有りて御心中候けるなり」とあるからである。

大友氏の初代・能直が頼朝の「無双の寵仁」であったことはよく知られており（『吾妻鏡』文治四年十二月十七日条）、その理由を島津氏側が書いた『山田聖栄自記』は「去る謂われ有りて」とややぼかしている。

図14　足利一門と結城・島津・大友系図

源義家─義国─①足利（足利一門）
源義家─為義─義朝─頼朝─②結城（足利一門？）
　　　　　　　　　　頼朝─③島津（足利一門？）
　　　　　　　　　　頼朝─④大友（足利一門？）
　　　　　　　　義朝─範頼─⑤吉見（足利一門）

だが、これがもし「頼朝の落胤」のゆえということならば、この史料はいまに伝わる「大友氏＝源頼朝末裔」伝説の嚆矢ということになるであろう。

この点、島津氏が源頼朝後裔（足利一門）を主張したのは、他者との競合関係においてだろうから、ここはやはり大友氏の存在が想定される。当時、九州では島津・大友両氏が源頼朝苗裔（足利一門）を宣伝しあい、互いに有利な立場を狙っていたと考えておきたい。

尊氏由緒

最後に、足利尊氏の由緒を語るケース。

いずれも戦国期の事例だが、Ⓐ当時、幕臣の大和氏が、足利尊氏の「御父」となり、もとは「足利大和守」だったと語られており、御紋も下され、その所領は神領に準じるとされた（『常照愚草』）。Ⓑまた、備後国の宮氏も、源氏（足利氏）の天下ゆえに藤原姓から源姓へと改めたというが（「宮景盛寿像賛」）、もとをたどれば尊氏に対する忠節により、猶子となって源姓を賜り、足利一門に列していたという（『萩藩閥閲録』巻八三有地右衛門）。Ⓒ同様に、播磨国の赤松氏も、尊氏に対する忠節により、御紋を下され、足利一門並みの待遇を得て、ゆえに御供衆にも加えられたと由緒を語っている（『赤松家風条々録』）。当時、赤松氏は所領・美作国弓削庄を押領されており（渡邊：二〇一四）、それゆえ、足利尊氏由緒を主張して対抗したのだろう。

Ⓓこのほか、丹波国の久下氏も、かつて尊氏への忠節によって、「足利」名字と御紋を下されたという（久下政光遺言状案文「久下文書」）。実際に、「足利久下弥三郎」あての尊氏書状案も伝わっているが（「久下文書」）、これは明らかに偽文書である。だが、当時の幕府奉行人もこれをチェックし、また、弘治三年（一五五七）の史料にもそれは書かれているので（久下氏由緒書「久下文書」）、戦国期にその文書が存在していたこと自体は疑いない。実は当該期、久下氏は丹波国栗作郷・新屋庄などの所領を繰り返し押領されていた。そのため、幕府に対し、尊氏由緒を前面に打ち出すことで、知行保持・不知行地回復を図ったものと考えられている（木下：二〇一八）。

このように、足利尊氏の「御父」や「猶子」となったり、足利名字を下されたりして、足利一門並みの扱いを受けたのだと、各氏は主張している。いずれも戦国期の創作に違いなく、その背景には各氏の抱えていた所領問題などがあったのであろうが、創造までして足利一門化を求めた事実は重いといわねばならない。

以上のように、足利一門の名字を名乗ったり、源頼朝の末裔を主張したり、足利尊氏の由緒を語ったりして、下からも足利一門であることを宣伝する動きが見られたのであり、上からの足利一門化（恩賞・側近化）とあわせて、「御父」「兄弟」「猶子」「一門名字」「源頼朝末裔」「足利尊氏由緒」などと、みな擬制的に足利の血統に連なりたがっていたことが分かる。とりわけ、それは戦国期に多いのであり、当該期にも足利の権威が存続していたことが照射される。つまり、中世後期には、足利一門であること（彼らが上位であること）、その権威・価値観を全国の武家が共有しており、それが足利氏の天下を強力に支えていたのだ。

このような、足利氏を頂点とし、足利一門を上位とする価値観（足利的秩序）の共有が続く限り、足利氏が消え去ることはないはずだ。足利氏個人は打倒されても、別の足利氏が擁立されることで、足利の血統自体は永続化し、体制は再生産されていくはずだからである。

だが、それは現実的に消滅した。足利氏は頂点の座から引きずり降ろされ、別の武家が天下をとった。足利一門であることの価値もまた暴落した。足利の時代はおわったのだ。では、おわるはずのなかった足利の時代は、なぜおわったのであろうか。換言すれば、いかなる経緯によって、足利を無用とする価値観（新常識）は生まれてきたのだろうか。いったん確立した権威が滅びるとき。新たな常識が誕生する瞬間。価値観が変化するその場面に、続けて立ち会おう。

なぜ、足利氏は滅びたか

足利の血統の価値低下

十六世紀中葉という断絶

足利氏を頂点とし、足利一門を上位とする価値観（足利的秩序）。それは、戦国期にも確かに存在しており、武家の常識となっていた。それが武家間の共通価値となっていたからこそ、大名は足利氏（京都将軍・関東公方）個人を打倒しても、別の足利氏（それは子供でも僧侶でも構わない。血統さえあれば基本的に能力は問わない）を擁立するかたちで、足利氏の天下・体制そのものは強力に再生産し支えていたのである。そして、足利の血統に連なることもまた大きな意味を持っており、それゆえ、武家は擬制的に足利一門化を遂げることによって、自らもまたその威光をまとい、競合する他者より優位に立とうとした。

だが、そうした状況は、十六世紀中葉頃から一変する。

まずは事実関係から見ていくと、天文二十二年（一五五三）から永禄元年（一五五八）にかけて、三好氏が足利氏を戴かないまま新体制を構築し、それが織田氏にも継承された。三好長慶は京都将軍足利義輝を追放し、織田信長もまた京都将軍足利義昭を放逐したが、長慶も信長も別の足利氏を擁立していないのである（今谷：一九八五、天野：二〇一〇）。

この点、より正確にいえば、長慶はその後、義輝と和睦したが、ここでは足利氏を擁立しないという選択肢が開かれたことそれ自体が決定的に重要である。信長もその後、義昭の子（足利義尋）を庇護したが、やはり足利氏を推戴するとの路線が続くことはなかった。こうした方向性のうえに、羽柴秀吉が登場し、足利氏の時代は名実ともにおわりを迎えた。足利氏に挑戦する際に、別の足利氏を奉戴しないというのは、十四世紀末頃以前の状況への回帰であって、百五十年近くも続いてきた「伝統」「常識」からすると「異常」である。

このような事態は、たとえば、弘治元年（一五五五）頃以降、足利一門の名門といわれた三河国の吉良氏が今川氏によって、尾張国の石橋氏・斯波氏が織田氏によって、次々と滅ぼされていき、また、永禄四年には備後国の渋川氏が毛利氏に組み込まれ、小早川氏・

熊谷氏・渡辺氏などよりも儀礼的に下位に位置づけられるなど（毛利元就父子雄高山行向滞留日記「毛利家文書」）、それ以前には考えられなかったような状況が続々と出来していることなどからもうかがえる。足利一門であることの価値が暴落しているのだ。

そして、永禄十一年には、織田信長が斯波氏家督の就任を断り（『和簡礼経』）、天正元年（一五七三）には、細川藤孝が足利一門・細川名字を捨てて、長岡（京都郊外の地名）へと名字を改めている（谷橋：二〇一六）。足利一門化を求めていた時代の終焉を感じさせる出来事である。

下剋上？

では、なぜ足利氏を頂点とし、足利一門を上位とする秩序意識・序列認識（足利的秩序）は崩壊したのか。とりわけ、足利氏を「武家の王」としない発想が浮上した理由は何か。

改めて確認しておくと、これまで見てきたように、「武家の王」としての足利氏像（足利氏・足利一門の血統的権威）は、この頃、すでに時の試練を経ることで疑う余地のないものとなっていた。イギリスの政治哲学者エドマンド・バークの言葉を借りれば、もはや「時効」化していたのである（バーク：一七九〇）。それにもかかわらず崩壊したわけで、これは大きな逆説であり、解くべき問題だろう。いったん確立した価値観はどうして変化したのか。

この点、三好長慶や織田信長に画期があったことは間違いないが、彼らの個性（英雄的個人）にその理由を求めすぎるのは、歴史学の説明としてはやはり禁じ手だろうと思う。イギリスの歴史家エドワード・ハレット・カーが、ドイツの哲学者ヘーゲルも引用しつつ、その名著『歴史とは何か』で喝破していたように、「彼の行為は彼の時代の精髄であり本質」であり、「社会を離れた個人はいない」からであって、「私が攻撃を加えたいと思うのは、偉人を歴史の外に置いて、突如、偉人がどこからともなく現われ、その偉大さの力で自分を歴史に押しつけるというような見方」だからである（カー：一九六一。むろん、カーは、個人や偶然が果たす役割・存在も否定していない）。要するに、長慶や信長（革新的個人）を産み出した前提、すなわち、時代・社会の変化にこそ、ここでは注目したいのである。

となると、長慶や信長が、足利氏を擁立するというこれまでの発想・常識を捨てられた理由については、まず、戦国期の時代・社会状況、すなわち、「下剋上（げこくじょう）」の深化という概念から説明されるはずだと思われる。それは、実力主義の時代、強くなった下の者（新勢力）が弱くなった上の者（旧体制）を次々と打倒・淘汰していくというようなイメージである。

だが、すでに見たように、戦国期になっても強くなった下の者は上の者を否定していない。むしろ、大名は、足利氏を頂点とし、足利一門を上位とする既存の価値観を共有・内面化しており、新勢力は旧体制のなかに自らを位置づけようとしていただけであって、足利氏の天下を打倒するという事態にはならないのが普通であった（黒嶋：二〇一二）。政治的な実力主義と、儀礼的な血統主義が共存・並存している社会、これが日本の戦国期である。

事実、戦国期、これまで「下剋上」といわれてきた数々のケースにおいても、その実態を見れば、当主を排した後、その実子・養子・一族などを新主として迎えるのが一般的であったことが分かってきており、実力で君位を奪っていくかのごとき従来の理解にははなはだ疑問も多いとされているのである（川岡：二〇〇二）。

こうなると、もはや下剋上という概念から足利的秩序の崩壊を導くことは、かなり困難となってくる。下剋上とは、あくまでも旧秩序を前提とし、それを再生産させていくものだったからだ。下剋上（旧秩序の擁護）と、三好長慶や織田信長の行動（旧秩序の破壊）のあいだには、大きな飛躍・跳躍があるのであって、ベクトルの向きが真逆なのである。そのため、旧来の「下剋上」＝「下からの革命」仮説では三好氏や織田氏の登場は順接的に説明することができず、いわば突然変異としてしか理解できなくなってしまうのである。

事実、これまでの研究でも、足利的秩序が存続したことはそれなりに説明してきたが、それが現実に崩壊してしまったことはいまだにうまく解説できていない。足利氏の時代がおわり、三好氏・織田氏の時代がはじまる説明は、未解決の課題として残されているのだ。

では、改めて、足利の血統を尊貴なものとする中世武家の価値観は、なぜ変わったのか。三好長慶や織田信長は、もう足利氏を擁立しない（将軍・公方個人を追放するだけでなく、足利の天下そのものまで否定する）などというラディカルな発想・選択肢をどこから手に入れたのか。これを英雄的な個人や突発的な個性（偶然性）に還元してしまう前に、まずはその前提となるべき時代・社会の変化（必然性）から説明してみたいと思うのである。

そこで、少し別の方向から考えてみたい。結論からいえば、「下から」では無理なら、「上から」ではどうかというのが私見であり、それが次に見る「上からの改革」仮説である。

上からの改革

改革する将軍

戦国期の将軍は無為無策に日々を過ごしていたわけではない。むしろ、自身の延命を図るべく、儀礼的秩序の改革を積極的に進めていた。キーワードは、「血」から「力」へ、だ。

以下、具体的に見ていくと、応仁・文明の乱において、西幕府は大和国人越智氏を和泉守護に任命した。また、乱後も幕府は赤松氏被官浦上氏を山城守護候補とし、細川氏被官安富氏を近江守護としている。これらにつき、中世史家の桜井英治は、「実力本位の登用」「家格破壊」（守護被官や国人などの身分ではこれまで一国の守護にはなれなかった）と評価したうえで、「実力さえあればいかなる出自の者でも一国のあるじになれることが「将軍」によって宣言された」と述べて、戦国乱世において、自身の体制を強化するためとはいえ、将軍が率先して身分間の壁を破壊してしまったことを、将軍にとっての「禁断の一歩」であったと結論している（桜井：二〇〇一）。

だが、こうした動向はその後も続いていく。将軍は既存の身分にかかわらず、信任する人材を積極的に周囲に置いたが、その際、当初は彼らを足利一門化（入名字）させたうえで側近としていたのであるが、次第にその手続きは省略されていった（設楽：一九八九）。まさに、将軍による足利一門と非足利一門のあいだの壁の無効化（足利の血統の軽視）が進行したわけである。

このような流れは十六世紀前後も続く。将軍は御相伴衆・御供衆などといった室町幕府の主要メンバーに各地の実力者が参入することを許容し、栄典授与の基準も曖昧化した。かかる方向は天文年間（一五三二〜五五）に顕著化し、そして、永禄年間（一五五八〜七〇）に頂点化する（二木：一九八五）。

たとえば、御相伴衆の構成員は、室町期には基本的に三管領の細川氏・斯波氏・畠山氏と、山名氏・一色氏・赤松氏・佐々木氏・大内氏だけであったが、戦国期には中央の三好氏、美濃国の斎藤氏、越前国の朝倉氏、若狭国の武田氏、安芸国の毛利氏、出雲国の尼子氏、伊予国の河野氏、駿河国の今川氏、甲斐国の武田氏、相模国の北条氏、豊後国の大友氏、日向国の伊東氏、薩摩国の島津氏など、なだたる戦国大名が連なっており、逆に足利一門きっての名族といわれた斯波氏の姿は見えなくなる。将軍はまさに実力者の儀礼的優遇を推進したのであり、もはや血だけでは残れなかった。

　このような動きは天文十五年（一五四六）の中央管領でも注目される。将軍は近江国の佐々木氏（非足利一門）を管領代＝加冠役として元服するが、このとき将軍は、先例違反として固辞する佐々木氏を押し切るかたちで、同氏を加冠役＝管領代に任命した（『光源院殿御元服記』）。こうした非足利一門の管領級人事は、永禄元年（一五五八）頃には甲斐国の武田氏にも適用されている（今井昌良書状「東洋文庫所蔵大館文書」）。つまり、将軍による足利一門と非足利一門のあいだの壁の無力化は中央管領にまで及んだのである。

　そして、永禄二年には、陸奥国の伊達氏と豊後国の大友氏を、奥州探題・九州探題に任命するとの人事が発令された。これまで足利一門のみが独占的に務めてきた両職を、有力者ではあるが、足利一門ではない者に務めさせることに、将軍は決定（変更）したのである。これにつき、中世史家の黒嶋敏は、実力支配を展開する地域権力への依存を深めた将軍が、非足利一門の新探題を誕生させたことで、前代からのものは変質したと語っている（黒嶋：二〇〇四、黒嶋：二〇一二）。かくして、将軍による足利一門と非足利一門のあいだの壁の無力化は奥州・九州の頂にまで達したのである。

自壊する秩序

以上を整理すると、戦国期に入って、次第に実力を失っていった将軍は、その対応策として、各地に勃興する有力者の懐柔を図るべく、また、登用したい人材の柔軟な採用を進めるべく、「血」の重視から「力」の重視へと徐々に重心を移転させ、実力者の儀礼的優遇と、血統的秩序の漸次解体を推進した、ということになる。血統から実力への転換である。

これによって、確かに将軍は全国の有力者・新勢力の取り込みには成功したであろう。だが、そのような、「力」さえあれば「血」などなくてもよいという血統軽視策が、足利の血統の価値低下を引き起こすのはあまりにも当然であって、血統幻想をこそ、その核心としていた足利を上位とする前代以来の秩序意識・序列認識（武家間の共通価値）を相対化させてしまう（絶対性を失わせてしまう）のも確実である。もはや全国の武家にとって、足利的秩序は自明・前提ではなくなったわけであり、ここにひとつの共通価値は失われた。

このようにして常識（呪縛）からの解放の準備が整えば、その行き着く果てに三好氏や織田氏のような行動を実際にとってしまう人々が登場するのはもはや時間の問題となる。すなわち、「上からの改革」（将軍自らの手による血統的優位性の軽視さらには否定）が、足利的秩序の崩壊（自壊・解体）を招いたのではないか、そのように考えられるのである。

権威について語ったドイツ系ユダヤ人の哲学者ハンナ・アーレントは、「権威を維持するためにはその人間もしくはその役職への尊敬の念が求められる。それゆえ、権威の最大の敵は軽蔑であり、権威を傷つける最も確実な方法は嘲笑することである」と述べていたが（アーレント：一九七二）、将軍がまさにそれ（血統的秩序・権威の軽視・否定）をやってしまったということになるのかもしれない。

では、これ以外の選択肢はなかったのだろうか。

実は、ひとつだけ、あったと思われるのだ。

というのも、十五世紀中葉から十六世紀中葉、戦国期的状況への対応を迫られた将軍は、他氏の足利一門化を推し進めていたが、それは将軍・大名いずれにとっても足利的秩序を前提としたものであったため、そのなかからは秩序そのものの否定という発想は出てきていなかったからである。つまり、足利一門・非足利一門という既存の構図を保持したまま、有力者の足利一門化政策を進めていけば、血統幻想は維持された可能性がある。実際に、東国では、公方が変化を制限し、秩序の保全にこそ力を注いでいたため、公方を否定する勢力は最後まで内部に出現しなかった（和氣：二〇〇九）。京都将軍足利氏は内側から否定されたが、関東公方足利氏は内部からは否定されなかったのである（公方が頂点の座から降りたのは、羽柴秀吉の関東襲来という外部要因によっている）。つまり、「自壊する西国（京都将軍）」に対して、「存続する東国（関東公方）」といえるかもしれない。

しかし、将軍は、こうした体制維持的路線と同時並行的に、非足利一門の有力者をそのままのかたちで迎え入れるなど、体制変革的路線も模索しはじめていたのであった。大名らの懐柔などのためとはいえ、後者の路線（より過激な方向）を押し開き、推進していくということは、実力を失った将軍にとっては最後に残された存立基盤ともいうべき足利的秩序を自らの手で否定・解体・無化していくということにほかならず、同時にそれは有力者らにその秩序（前代以来の秩序）を自明視しなくともよいということをはっきりと認識させる契機を与えることともなった（秩序からの解放）。結果、三好氏や織田氏らの台頭は、もはや時間の問題となり、かくして足利的秩序は終焉を迎えた。このようにとらえられるのである。

こうした「上からの改革」というのは一見奇異にうつるかもしれないが、かかる改革が秩序崩壊の契機となったケースは複数提示されている。

他時代・他地域の場合

たとえば、近世フランス・ブルボン家の場合も、次のような興味深い見解が出されている。すなわち、「君主自身が王権保護装置を合理主義的観点から信じなくなるとき、たとえば王が啓蒙主義によって知らぬ間に影響されておのれの国家儀礼を軽視し、儀礼の格式をいいかげんに扱い、歴史的に確定してきた文言を言い間違えるとき」「君主みずから体制の墓穴を掘ることになる」。それゆえにこそ、「システムの崩壊を最初に引き起こす原因は、権力を担当する当事者の意識における儀礼的観念体系の現実的喪失であるとも言えよう。フランス革命は実質的には王権自身のなかで開始していたとも言えるのである」とされているのである（今村：二〇〇七）。

この点、フランス国王ルイ十四世自身の言葉「そんなことは単に儀礼の問題に過ぎないなどと考える者は、大きな過ちを犯している。それは蔑ろにしてよいようなものではないどころか、必ず重大な結果をもたらすだろう」が三度、われわれの耳にひびいてこよう。

また、近世日本・徳川家の場合も、やはり同様の意見がある。すなわち、江戸後期から末期にかけ、徳川将軍は、血統重視の「権威の将軍」から能力重視の「国事の将軍」へと、徐々に変化した。それは新事態に対応するため、徳川将軍を存続させるために行ったものだったが、自己保存のための過激ともいえる諸改革（虚飾を廃し、実質を重んじる方向性）が、結果的に徳川将軍の衰勢を加速させてしまった。「国事の将軍」の面が進めば進むほど、「権威の将軍」の面は壊されていってしまい、その結果、実力での勝負となった徳川将軍は滅亡に向かっていったというのである（久住：二〇〇九）。

この点、徳川家の幕臣だった福地源一郎（桜痴）も、明治二十五年（一八九二）に上梓した『幕府衰亡論』のなかで、江戸幕府・徳川将軍家が崩壊した理由を、「そもそも幕府の如き保守制度の組織においては、その貴ぶ所は、制度格式の典例を最も厳重に保守して、あえてこれを紊乱（びんらん）せざるにあり、幕府が老松の樹心全く朽腐（きゅうふ）して空虚となるも、なお枝葉鬱々として蒼竜の外形を存せるが如くなりしは、この制度格式の効力に頼れるものその多に居たり。然る（しか）を、今や幕府は兵制改革のために、取捨存廃の境線を識別するの活眼なく、軽挙躁進（そうしん）を以て鋭意の進取なりと思い誤り、都て（すべ）の政治上において旧典先例を破却するを以て、繁文（はんぶん）を除き、簡易を得る者と見做したれば、その改革の行なわるると倶に（とも）、幕府の威望は加倍の速度を以て益々（ますます）地に落つるに至れり」とし、「世人往々幕府を評して、保守のために仆れ（たお）たるものと論断すれども、余はこれに反し、幕府は進取のために亡びたるものと明言」していることは、当時の感覚・声として非常に重要だろう。

このように、上からの改革によって秩序が解体していくケースも複数あったようなのであり、中世日本・足利家の場合についても、かかる視角は検討されるべきだろうと思う。

ここで振り返ってみたいのが、中世史家・佐藤進一の発言である。佐藤は、守護被官や国人の成長という、状況の変化を正視する態度は、実力主義の正当化にほかならず、こうした事態への順応が、身分的封鎖性を破壊し主従制に重大な脅威を与えることは明らかと述べていた（佐藤：一九六三）。

すなわち、状況に上がどのように対応し、それにより秩序はいかに影響を受けたのか、こうした上（将軍）側の視点も、「下剋上」の時代といわれてきた戦国期を再考するうえで、必要と思われるのである。秩序の崩壊につき、将軍・幕府の動向に注目したゆえんである。

足利時代再考――エピローグ

本書の結論

本書では、戦国期に足利氏は続いた理由と滅びた事情を見てきた。以下、その内容を改めてまとめておこう。

力なき将軍が存続したことの説明は、従来、「共通利益論」から説明されてきた。これは、将軍には利用するのに十分な人的・物的基盤＝メリットがあり、それゆえ、大名は功利的・合理的な選択の結果、将軍を滅ぼさずに活用したというものだ。これに対して、本書は、「共通価値論」から説明した。当時の武家間には「足利氏＝武家の王」との像＝価値観が共有されており、それゆえ、武家は足利氏を滅ぼす発想を持ちえなかったというものだ。

では、かかる価値観はいかにして成立したのか。それは足利氏による努力の成果であり、具体的には暴力（戦争）とイデオロギー（儀礼実践・宣伝工作）による支配によって徐々に調達されたものであった。結果、十四世紀末頃には足利氏を頂点とする思想（足利絶対観）が全国の武家に浸透し、「足利氏＝武家の王」との像は確立した。そして、それは儀礼行為の継続により、戦国期にも根深く存続した。同時に、足利の血統に連なる一族もまた尊重される時代をも生み出すこととなった。そのため、列島の東西南北で足利氏を頂点とし、足利一門を上位とする秩序意識・序列認識（足利的秩序）が定着、武家社会に共有された。

では、それがなぜ崩壊したのか。ここでは、価値観が変化した理由を、「上からの改革」仮説から検討した。すなわち、戦国期に入ると、次第に実力を失っていった将軍は、その対応策として、各地に勃興する有力者の懐柔を図るべく、また、登用したい人材の柔軟な採用を進めるべく、「血」の重視から「力」の重視へと徐々に重心を移転させて、実力者の儀礼的優遇と血統的秩序の漸次解体を推進した。血統から実力への構造転換である。

これにより、全国の有力者・新勢力の取り込みには成功しただろうが、このような「力」さえあれば、「血」はなくてもよいという血統軽視策が足利の血統の価値低下を引き起こすのは自明であり、血統幻想をこそ、その核心としていた足利を上位とする前代以来の秩序意識・序列認識（武家間の共通価値）を相対化させてしまう（絶対性を失わせてしまう）のも確実である。全国の武家にとって、足利的秩序は自明・前提ではなくなったのであり、ここに、ひとつの共通価値は失われた。このようにして常識（呪縛）からの解放の準備が整えば、その行き着く果てに三好氏や織田氏のような行動（足利氏を頂点とすることなく社会を動かしていく）を実際にとってしまう人々が登場するのはもう時間の問題となった。

足利将軍も徳川将軍も、上からの過激な改革によって滅びた。とすれば、ひとつの権威の成立と崩壊を考えていくうえでも、これは示唆的な話ではないかと思われてならない。

中世後期は何時代？

このように、足利氏中心の秩序は、南北朝期にはじまり、室町期に確立し、戦国期にも存続していた。つまり、足利的秩序は中世後期を通して時代・社会に広く共有されていた。

となると、「権力」からではなく「権威」から眺めた場合、室町期と戦国期の亀裂よりも、十六世紀中葉（三好氏・織田氏・羽柴氏）の断絶のほうが大きいということになるだろう。

従来、室町期と戦国期は大きな画期とされ、ときに「室町時代」「戦国時代」という時代区分によって、まったく異なる社会とされてきたが、意識の面では連続・共通する部分が少なくなく、足利氏を中心に見れば、ひとつの時代として語ることは十分に可能である。

この点、近世史家の若尾政希も、「社会のなかで、人々が共有する常識が形成される時期からそれが常識として通用しなくなる時期までを、一つの時代としてくることができる」と、「社会通念・常識という視角」を提起している（若尾：一九九九）。

これにならえば、足利氏中心の秩序が共有される南北朝・室町・戦国期はひとつの時代＝「足利時代」ととらえることも可能ではないだろうか。

むろん、「（長い）室町時代」でもよいかもしれない。だが、それだと「戦国時代」とは異なるニュアンスを彷彿させる「（短い）室町時代」と誤解・錯覚される危惧がある。そのうえ、実は、かつては中世後期＝「足利時代」と呼ばれていたのであり、かかる言葉には再注目してもよいのではないかとも思っている。たとえば、大正時代には、田中義成『足利時代史』（明治書院、一九二三年）のように、「足利時代」呼称は普通に用いられていた。

ただ、室町時代ではなく、足利時代などというと、おそらく違和感があるかもしれない。

そこで、日本史学でもっとも定評のある『国史大辞典』で「室町時代」を調べると、次のように書かれている（福田豊彦執筆分）。「政治権力の所在による時代区分の一つ。足利時代とも称される。広義には鎌倉時代と安土桃山時代の中間に位置する足利将軍の存続期を指すが、狭義にはその時代の前期を南北朝時代、後期を戦国時代としてその両時代に挟まれた一時期を対象とし、時にはその片方を含めて室町時代と呼ぶこともある」と。

すなわち、室町時代とは政権所在地による呼称であり、室町時代には「広義」（長い室町時代）と「狭義」（南北朝時代と戦国時代のあいだの短い室町時代）のふたつの意味があること、そして、室町時代は「足利時代とも称される」ことが明記されているのである。したがって、足利時代は異称であって、いうまでもなく筆者の造語ではない。違和感の正体のひとつは、単純に慣れの問題でもあるのだろう。

室町時代と足利時代

では、室町時代が正統、足利時代が異端となったのは一体いつのことか。

この点、中世史家の末柄豊が、「以前から並用されていた足利時代と室町時代という二

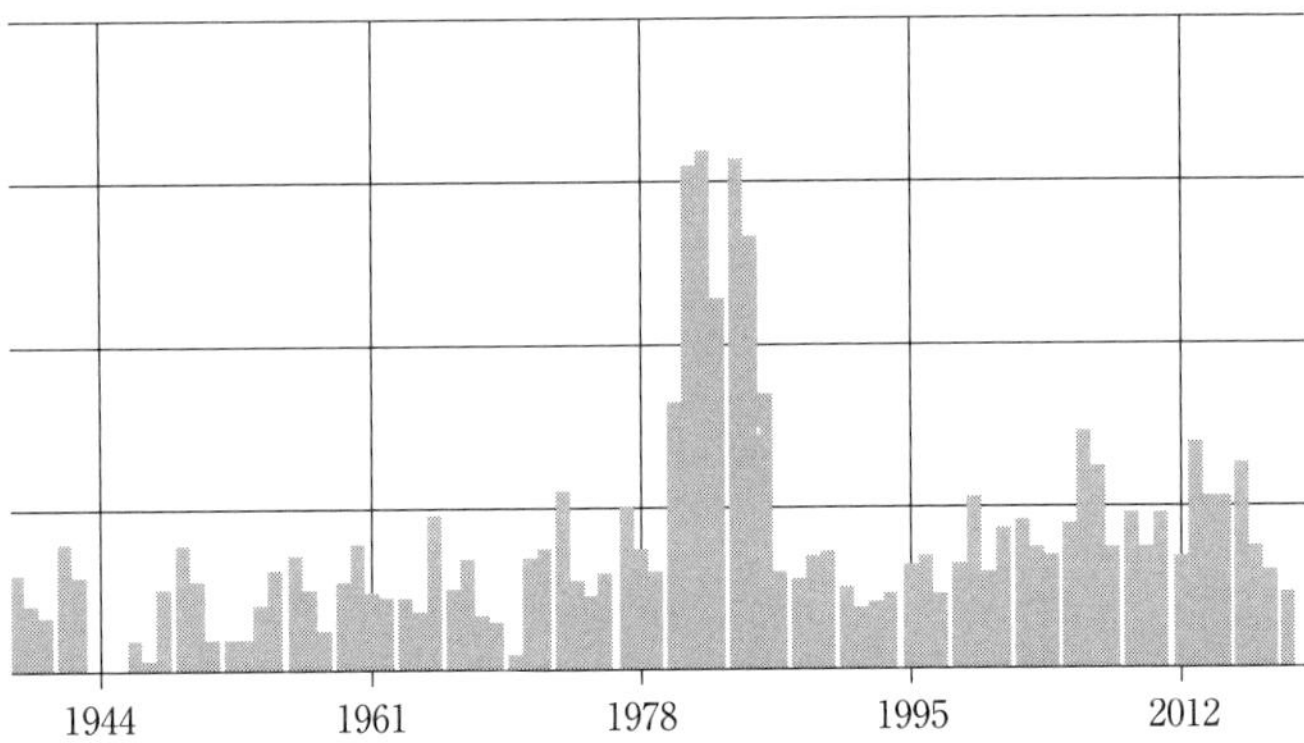

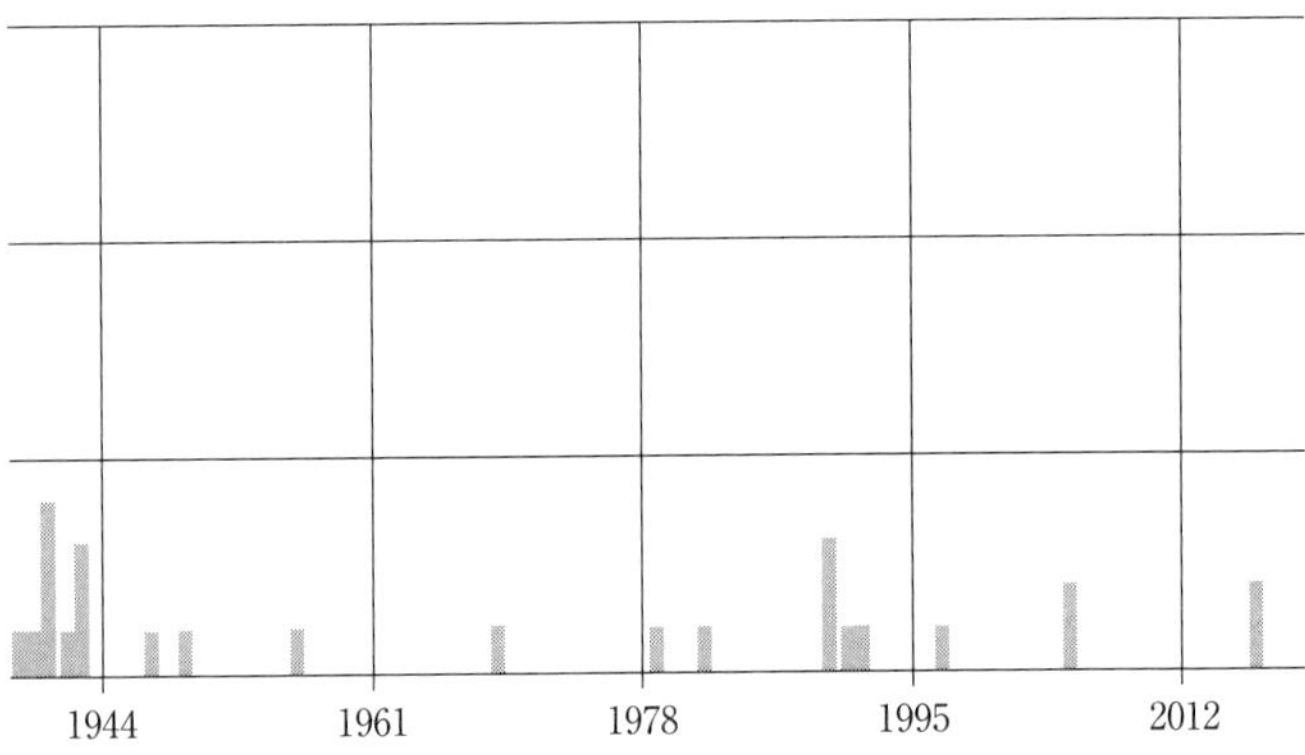

(『雑誌記事索引データベース』より作成)

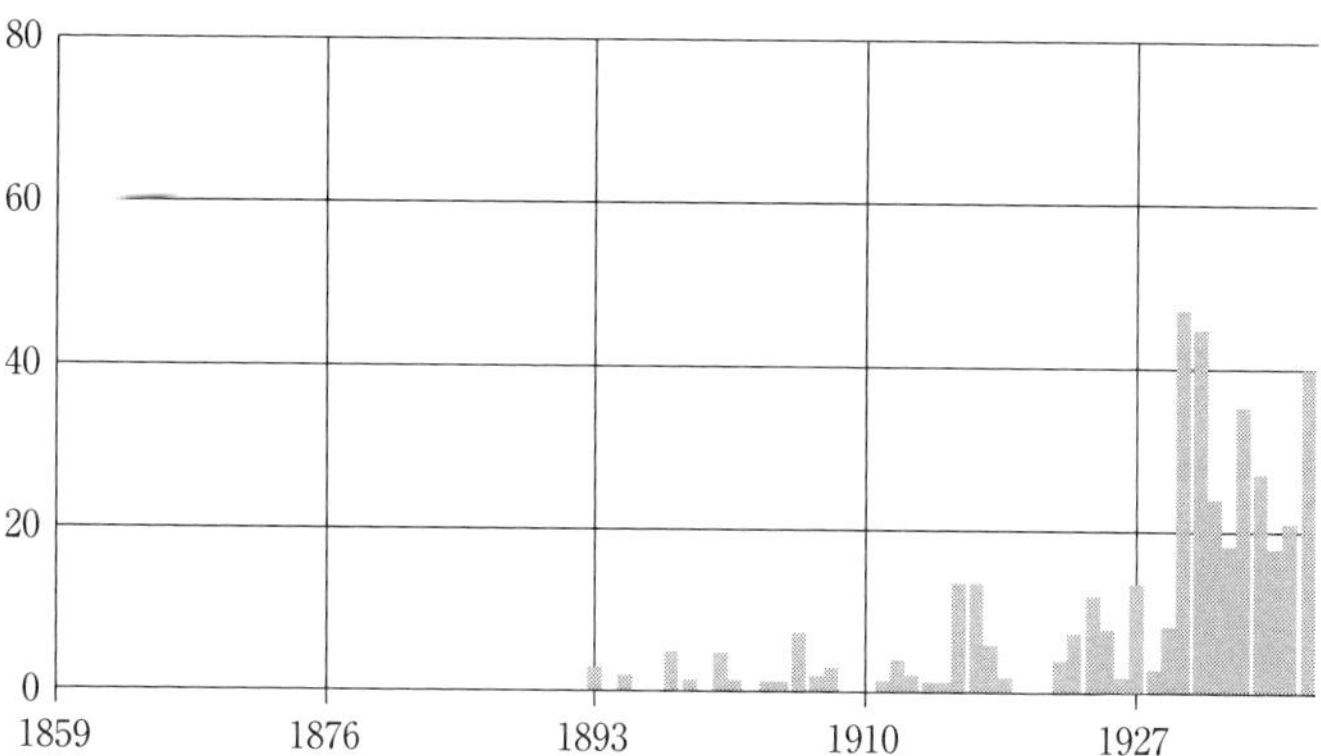

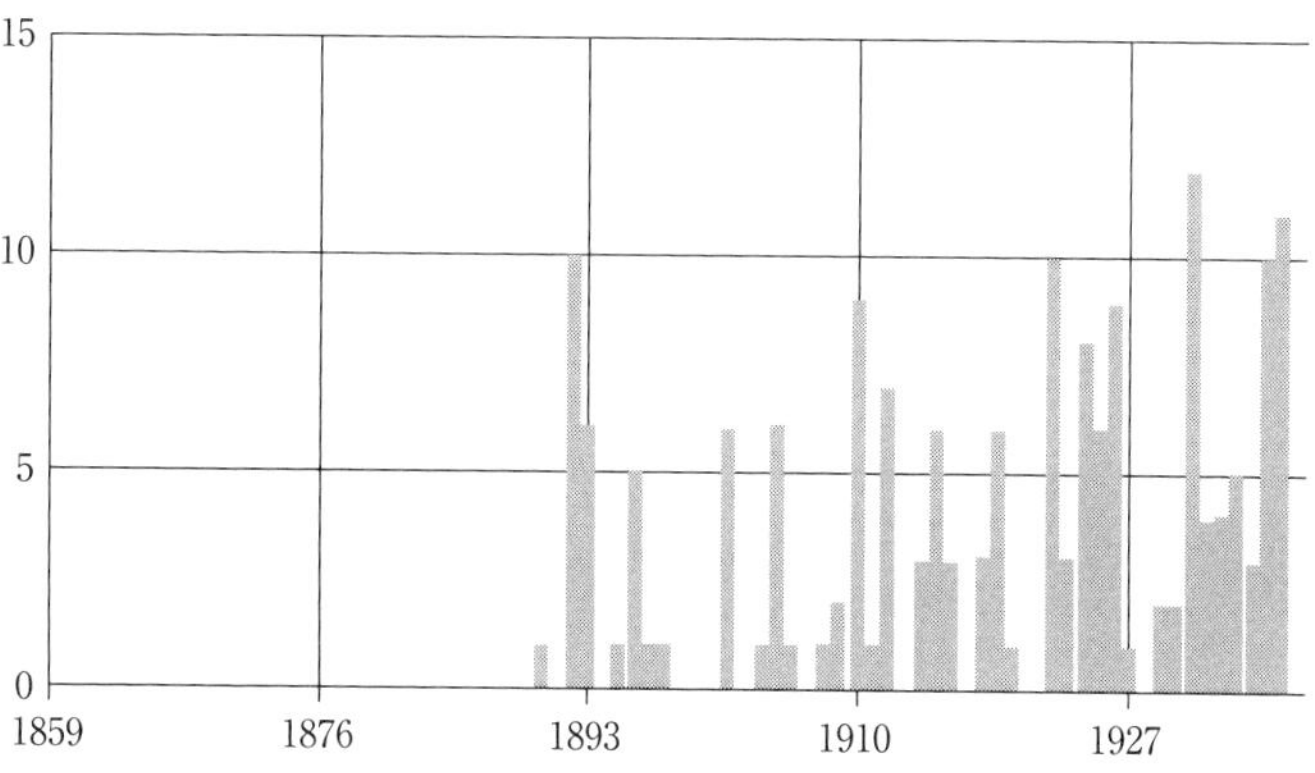

図15 「室町時代」と「足利時代」の呼称使用

つの呼称が、後者にほぼ一本化されたのもこの時期（昭和に入る頃）である」と述べていたのは大変注目される（末柄：二〇〇三）。末柄の指摘は、時代区分が歴史的に創られていくことを示した点で重要だ。

この末柄の見通しを『雑誌記事索引データベース（ざっさくプラス）』から裏づけておく。筆者が二〇二〇年四月（コロナ禍で、右のデータベースが無償公開されていた時期）に「室町時代」「足利時代」でそれぞれ検索した結果は、以下の通りである。単純計算だが、「室町時代」「足利時代」という呼称は、近代以降、確実に存在・並立しており、昭和に入った頃には「室町時代」呼称の使用が増加する一方（図15Ⓐ）、同時期、とりわけ、戦前以降、「足利時代」呼称の使用が減少していったことがひとまずは読み取れるはずだ（図15Ⓑ）。まさに、末柄のいう通り、昭和・戦前に画期があったことが分かる。

では、なぜ室町時代という呼称に一本化され、足利時代という呼称は消えてしまったのか。

この点、中世史家の保立道久は、「足利時代については、たとえば原勝郎に『足利時代を論ず』という論文があるように、「足利時代」という言葉は明治大正のアカデミーではよく使われた言葉である」とまず語ったうえで、「それなのに、なぜ「室町時代」という無内容な用語が一般化したかといえば、これは足利尊氏が逆賊とされた皇国史観の時期の慣習が残ったのではないか」としている（保立：二〇一六）。

保立も、従来の時代区分に疑義を表明し（室町時代呼称を「無内容」とまで言い切っており）、中世・近世は覇王の氏族名で表記するのがよいとして、北条時代→足利時代→織豊時代→徳川時代という表現を提起していることは注目される（三好氏の不在は気になる）が、同時に、足利時代呼称衰滅の理由を、足利氏を逆賊とした「皇国史観」に求めていることも着目される。

この指摘が妥当であるとすれば、いまわれわれが室町時代呼称を当然などといっているのは、意図せざるにせよ「皇国史観」の影響によっていることとなり、時代区分や言葉の選択に隠された政治性・イデオロギー性を批判・暴露していくうえで、まったく看過しえない事態となるのではないか。

平泉澄と時代区分

そこで、「皇国史観」とは不可分の存在とされる中世史家・平泉澄の『中世に於ける社寺と社会との関係』（至文堂、一九二六年）を見てみよう。

平泉は、その冒頭の第一章で「時代の区画」として、次のように述べている。すなわち、中世・近世は「古くは政権の所在によつて、鎌倉時代・南北朝時代・足利時代等と呼ばれ、後に至つては、織田・豊臣時代を安土・桃山時代、徳川時代を江戸時代と呼ぶ如く、その政府の所在地によつて、足利時代の名に代ふるに室町時代の称を以てし、その呼称の法を一定したのである」と。

要するに、中世・近世は、有力者の名前でなく、実際の政権の所在地によって名づけるのが妥当として、六波羅時代↓鎌倉時代↓南北朝時代↓室町時代↓安土・桃山時代↓江戸時代という表現を提唱したのである。平泉以前には、時代呼称の統一はなされておらず、それに対して平泉は、人名ではなく地名でもって呼称するとの方向性を示したわけである。

これについて、当時どのような評価があったか。

たとえば、細川亀市『日本寺院経済史論』（啓明社、一九三〇年）は、以下のように述べている。まず、「私の称ふる前期封建社会なるものは、大体に於いて謂はゆる鎌倉＝室町時代に相当するものであるが、今従来の歴史家が此の時代を如何なる呼称を以つて分類して居るかと云ふに、それは極めて区々であつて何等の統一も存して居ない」と、現状の呼称未整理状況を確認したうえで、「（右の平泉澄）博士の見解が正統国史学者中の代表的なものだと思はれる」としているのである。

つまり、平泉の主張（方向性）は、当時確かな影響力を持っていたようなのである。

事実、栗田元次『総合国史研究』上（同文書院、一九三五年）の「中世史」の項では、「中世の区分は普通鎌倉時代・吉野朝（南北朝）・室町時代・安土桃山時代とされて居り」と見えており、室町時代が「普通」となっている。この点、栗田はこれ以前、『総合日本史概説』上（中文館書店、一九二六年）では「足利時代」としていたが、その後、『解説日本文化史』（明治図書、一九三〇年）、『国史教育原論』（同文書院、一九三〇年）、『国民総合日本史』（中文館書店、一九三二年）、『新制総合日本史』初級用（中文館書店、一九三三年）などでは「室町時代」としており、かかる変化からも室町時代という呼称が常識となっていった様子が分かる。

もうひとつ、戦後すぐに出された黒板昌夫・遠藤元男「紀年と時代区分について」（遠藤元男編『日本歴史の構成と展開』コロナ社、一九四八年）の研究史整理も見ておきたい。そこでは、当時政治史的区分や文化史的区分など多様な時代区分が存在・並立していたことが指摘されたうえで、「こうしたいろいろな概念を整理されて新しい立場から全般的な時代区分を試みられたのは平泉澄氏である」と回顧されているのである。とりわけ、平泉の『中世に於ける社寺と社会との関係』の上記箇所が指摘され、「「実際の政権の所在地」によつて呼ばれねばならない」こと、そして、「足利時代は室町時代となり徳川時代は江戸時代となる」ことが強調されている。戦後すぐの黒板・遠藤による整理は貴重であろう。

以上のように、研究史を回顧してみると、平泉の『中世に於ける社寺と社会との関係』がひとつの画期となったらしいことがうかがえる。むろん、それ以降も足利時代の呼称は使われているので截然と分界できるわけではないが、全体的な傾向としてはやはり平泉による提起の重要性が指摘できそうである。

では、平泉が画期であったとして、そこから室町時代呼称の増加と足利時代呼称の減少が「皇国史観」の産物とまでいえるのか。

確かに当時、足利尊氏を賛美したとして攻撃され辞任を余儀なくされた中島久万吉商工大臣筆禍事件（一九三四年）などもあって、「逆賊」足利氏の名前が否定的にとらえられたであろうことは想像にかたくない。

事実、たとえば、三浦藤作編『勅撰六国史大観』（中興館、一九四四年）には「甚しいのは、足利時代・徳川時代といふやうな名称まで用ゐらてゐた」と見え、「皇国の正統な歴史に用ふべき名称であるまい」と指弾されている。また、瀧川政次郎『歴史と社会組織』（共立社書店、一九三一年）でも、「我が国に於いては、主権者は万世一系の皇室であると云ふ見地から、政権所在の首都によつて時代を分つことが行はれてゐる」と理解・宣明されている。

だが、その当時でも、たとえば、右派的と見られた内田良平『皇国史談・日本の亜細亜』（黒竜会出版部、一九三二年）は平氏時代↓源氏時代↓北条時代↓足利時代としている。また、満川亀太郎『日本外交史』（国史講座刊行会、一九三三年）、靖国神社『遊就館要覧』（遊就館、一九三三年）、栗原勇編『武蔵戦記』（尊皇尚武赤誠会本部、一九三五年）なども足利時代としている。栗原勇は、二・二六事件の中心人物・栗原安秀の父である。

つまり、足利時代呼称衰滅の理由が全面的に「皇国史観」の結果によるというのは一定の留保が必要ではないか。

社会と個人

室町時代呼称が増加し、足利時代呼称が減少した事情を探っていくために、続けて高名な民俗学者である千葉徳爾の「日本民俗学における「足利時代」」（堀田吉雄先生カジマヤー記念論文集編集委員会編『民俗学の視座』伊勢民俗学会、一九九五年）を見てみたい。

千葉は、「近ごろ（平成期）は時代の呼びかたについて、その時の政権の所在地の地名をとって、鎌倉時代とか室町時代などというのが一般的である」とまずしたうえで、「しかしながら、著者が小学校のころ（千葉は一九一六年の生まれだから、尋常小学校で過ごしたのは昭和に入った頃）までは、政治的支配者の氏族の姓をもって、足利時代あるいは徳川時代といった表現をとっていた」と回顧している。これはまさに先に見た状況（平泉澄による新たな時代区分の提唱とその定着）を裏づけるものではないかと思われる。

そのうえで千葉は、かかる変化の背景について、以下のように見通している。まず、人物による区分については、「これまでの方式がある時間の経過する時期を通じてみられる社会動向の特色を、その期間の実質的統治者の姓すなわち血縁によって呼称すること、いわば人と人とのつながりによって、象徴的に認識しようという方向に沿っていたことを意味する。それがこれを使用した時代の人に最も理解しやすく考えられたから」と述べる。

他方、場所による区分については、「現今では、その時期の政権の基礎的中心機構が存在する土地によって、つまりいわば空間的位置によって識別しようという方式が、社会常識化したということになる」と述べている。

そして、この変化については、「血縁より地縁が重視されるようになった」ということで、「より政治そのものに即していうならば、人間の意志によって社会が左右された時代が、しだいに機構もしくは構造によって社会の動向が定まってゆくように変わってきたと、人びとが無意識のうちに感じとった故に、時代の呼称も変らざるを得なかったのだとも理解できるのではなかろうか」と解釈しているのである。

つまり、千葉は「皇国史観」との概念でなく、時代を動かすのは個人の意志か、社会の構造かという歴史意識の変化（前者から後者へ）に呼称変化の説明を求めているわけだ。この、足利時代呼称衰滅の理由が、歴史を動かすは「個人」でなく「社会」であると考えられるようになったから、との見方は非常に興味深い。

事実、初期平泉澄の『中世に於ける社寺と社会との関係』（至文堂、一九二六年）は、後の「皇国史観」的と評される業績とは異なり、（偉大なる個人でなく）社会に注目した仕事であったとされている（夏目：二〇〇八）。要するに、『中世に於ける社寺と社会との関係』においてなされた平泉による時代区分とは、「社会」が歴史を動かすというものであって、そのために「個人」による時代区分が排斥されたと思しい。

つまり、当初の平泉の時代区分には、いわゆる「皇国史観」によって「逆賊」足利氏を否定するという意図は稀薄だったのではないだろうか。だが、その後、平泉は「偉大なる個人」が歴史を動かすとの考え方に旋回していった（いわゆる「皇国史観」）。けれども、足利氏は「逆賊」（偉大でない個人）のゆえだろうか、室町時代呼称にかわる足利時代呼称は復活しなかった。

以上をまとめると、室町時代呼称が増加し、足利時代呼称が減少する理由は、①（個人でなく）社会が歴史を動かすという考え方と、②戦前における「皇国史観」の「合作」であったということになるのではないかと考えられるのである。

時代区分を再考する

以上、室町時代・足利時代それぞれの呼称の来歴を追ってきた。では、戦後、こうした時代区分の問題は、なぜ再考されてこなかったのだろうか。

戦後、「皇国史観」は崩壊し、「唯物史観」が主役となるが、そこでは社会＝構造が重視され、個人は再び後景に退いた。そのために足利時代呼称が問い直されることはなかったと考えられる。その後、一九八〇年代頃になると「社会史」といわれる新たな研究潮流が台頭する。だが、今度は「政治史」自体が後景に退き、研究も緻密化・細分化していったため、時代区分論そのものへの関心は急速に低下し、足利時代呼称が問い直される機会はついに訪れなかったと考えられる。

しかし、二十一世紀に入ると、政治史が復権し、社会＝構造や時代を動かす個人もまた再評価され、研究の総合化や既存の前提そのものを問い直す視角も進んだ。それゆえに、かように足利時代呼称衰退の理由が史学史的に再考されるにいたったのではないかと推察される。

近年、時代区分を再考する声は少なくない。西欧史家の南川高志は「二一世紀の歴史学と時代区分」（『思想』一一四九、二〇二〇年）のなかで、「そうしたこと（時代区分論）は今日の日本の歴史学界では忘れ去られているようにみえる」として、その理由を、①社会はある構造をなす実体でありそれは所定の段階を経て発展する、というマルクス的歴史学が崩壊したこと、②政治的事件を重視しない歴史学＝社会史の流行により、時代区分そのものもが後景に追いやられたこと、③細かなテーマの研究が学界で優勢となって、大きな枠組みを論じることが忌避される状態が継続したこと、に求めているが、その通りだろう。

そのうえで、南川は、「時代区分をめぐる問題は、個別具体的な研究の高まりを受けて、また「構造」を把握せんとする歴史学によっても、再提起されてよい課題である」、「過度の専門分化を克服し大きな議論に繋がる研究をしようと言いたい」と結論・強調している。

本書においても、時代区分（室町時代呼称）を自明視してきたかに見える風潮に警鐘を鳴らして、室町時代・足利時代それぞれの呼称の来歴を問い直してきた。あわせて、中世後期（南北朝・室町・戦国期）における足利氏の存在感は否めない以上、足利時代呼称を選択・復権させることも（絶対ではないが）一手ではあることを提案しておきたいと思う。

その後の世界

さて、足利の世は終わり、時代は徳川の世へと移ろうが、それでもいったん確立し、社会に定着した価値観が、そう簡単に消え去ることはなかった。近世以降には足利の血統神話が展開されていくのである。最後に、「その後の世界」を眺めながら、本書を閉じていこう。

まずは、貴種信仰・御霊信仰ともいうものであるが、九州の福岡県には最後の探題渋川堯顕が自害した際に、その体からは赤い血でなく白い汁が流れ出し、以後、村人たちは瘧の病に効く「探題さま」として祀った場所があり（探題塚）、佐賀県にも「ダンヂャア」（探題）と呼ばれる墓があるという（黒嶋：二〇一二）。また、南九州の宮崎県や鹿児島県では大覚寺義昭の怨霊が島津氏や樺山氏（義昭を追討した一族の末裔）から鎮魂されている（新名：二〇〇五）。

これは中世に滅んだ足利だが、近世に続いた足利もいる。権勢を得たところでは、徳川氏は足利一門から将軍となり、吉良氏は足利の名族ゆえに高家となったとされた（『続本朝通鑑』）。

図16　「探題塚」の額（福岡市埴安神社所蔵）

図17　大覚寺義昭 慰霊 王面（都城歴史資料館所蔵）

図18　新田の猫絵（太田市立新田荘歴史資料館所蔵）

図19　大口真神絵（寄居町釜山神社所蔵）

他方、権勢を得られなかったところで興味深いのは、奇跡を行う者となったケースだ。養蚕の守り神としての猫絵、疱瘡除の鐘馗絵、憑物除札、大口真神（ニホンオオカミ）絵などを描いた岩松氏・由良氏（落合：一九九六、山澤：二〇一二）、また、蝮除札とされるものを記した平島氏（京都足利氏後裔。長谷川：二〇〇六）、そして、狐狸を退け、悪魔を払う黒札なるものを配った喜連川氏（関東足利氏苗裔。「高塩武一家文書」）などである。

これらはフランスの歴史家マルク・ブロックが、名著『王の奇跡』で活写した、奇跡を

図20　平島足利氏の蝮除札（『平島公方史料集』〈『那賀川町史』史料編〉より）

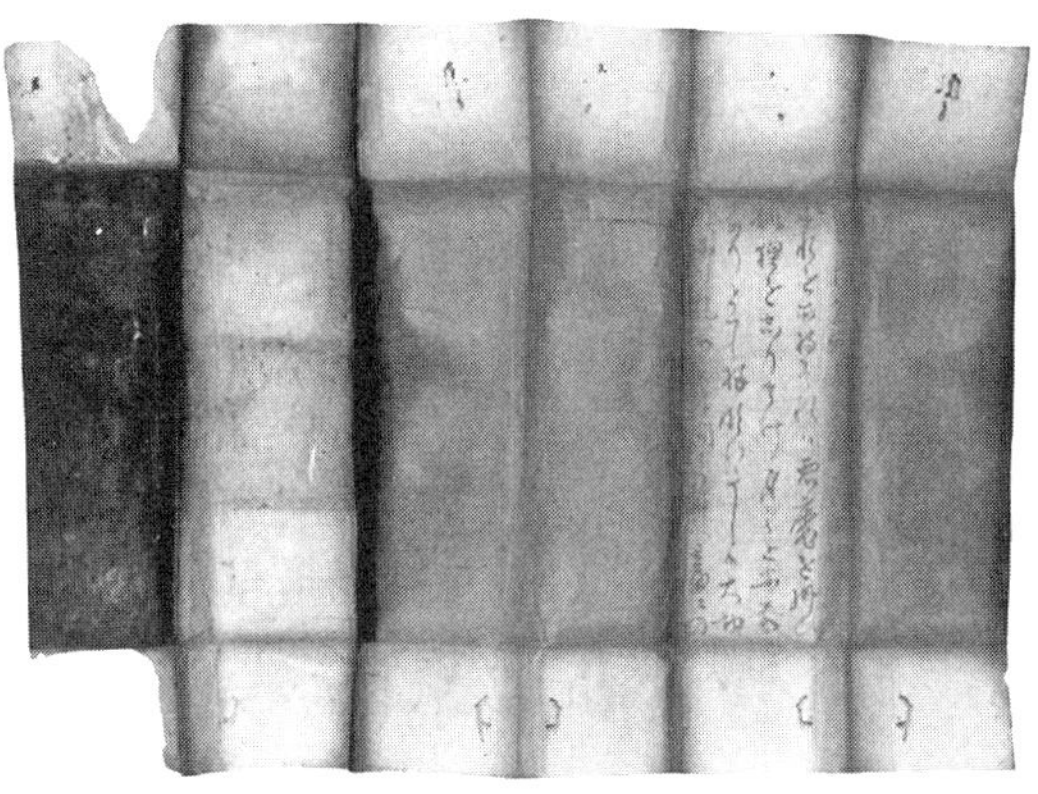

図21　喜連川足利氏の黒札（さくら市ミュージアム—荒井寛方記念館—提供）

もって病気を癒す王を彷彿させるようで、非常に興味深い（ブロック：一九二四）。ただ、西欧の場合は、王統の衰退と消滅によって奇跡も死滅したというが、日本の場合は、以後（近世以降）も王の一族による奇跡は存続し信仰の対象とされていったという違いがある。

このように、血統や権威の観念は、日本では相当に根強いことが分かる。血統や権威というと、差別主義的・保守的（「血」はナチス・ドイツのイデオロギーのひとつだ）などとして忌避する人もいるだろう。あるいは逆に、それに憧憬や忠誠を示す人もいるかもしれない。

そのいずれであっても、前近代は身分制そのものであり、それを直視しない限り、われわれは歴史自体を見失うことになるはずだ。血統や権威。それは、過去の日本を見るうえでも、そして天皇を象徴とする現在の日本を考えるうえでも、鍵となる概念なのである。

あとがき

なぜ、実力を失った足利氏は、激動の戦国日本を生き抜くことができたのか。本書は、この疑問から出発している。

その答えとしては、従来は漠然と「権威」という言葉で説明されるのが一般的であった。だが、これに異を唱えたのが山田康弘である（『戦国時代の足利将軍』吉川弘文館、二〇一一年）。山田は、既存の権威論は曖昧だったと批判とし、それにかわって将軍・大名双方の「共通利益」から回答を模索した。将軍・幕府には活用するだけの実利性があるのだと。

しかし、山田は権威の問題を回避してしまった。けれども、政治学や社会学を参照すると、秩序の存続には「利益」のみならず、「価値」もまた重要な役割を果たすとある。事実、幕府将軍以外の足利氏、具体的には、遺児や僧侶など、実利性のなさそうな人々であっても「足利」というだけで擁立された状況を見る限り、利益だけから説明するのは難しい。足利氏の存立を考えていくうえで、やはり、権威や価値の問題を無視することはできない。

かくして、筆者は足利氏・武家双方の「共通価値」を探ることによって、足利氏「権威」の理解に努めた。

結果、戦国期に足利氏が存続できたのは、当時の武家間に共通の価値（足利氏を「武家の王」とする思想）が醸成されていたからで、かかる価値観の共有によって足利氏の存立は下から強く支えられていた、との回答を試みた。共通価値の提示と権威論の復権である。本文では共通利益論と共通価値論を極力並列的に記したが、将軍や天皇を見るうえでは、前者からでは説明しがたいことがいくつもあるため、後者こそが本丸・核心と考えている。

近年、室町幕府・足利将軍研究は急速に進化しており、とりわけ、若手・中堅を中心に議論が深化している。本書もそうした流れに掉さすものであるが、これまではどうしても権力や利益の側面に分析が集まっており、権威や価値の側面はいささか検討が遅れていた。そのため、本書では後者（権威・価値）に真正面から光をあててみたものとなっている。

実際、本書の中核となる部分は二〇一七年五月の歴史学研究会大会（中世史部会）にて論じたものであり、それをうけて二〇一八年八月には将軍研究の第一人者である山田康弘が「戦国期足利将軍存続の諸要因――「利益」・「力」・「価値」――」（『日本史研究』六七二）により応答。対して筆者も二〇一九年十一月に『中世足利氏の血統と権威』（吉川弘文館）を上梓しこれまでの成果を整理・統合して対峙。これに対して二〇二〇年九月には山田が書評（『日本史研究』六九七）をもって対応するなど、議論は現在、複数の論者も巻き込みながら、加速している最中にある。二〇二〇年五月には山田編の『戦国期足利将軍研究の最前線』（山川出版社）が一般向けに刊行された。本書もまたそうした流れのうえにある。多様な論者の著書などから、多彩な論点、斬新な視点を体感していただければ幸いである。

本書は、中世の日本を舞台に、足利氏が権威を獲得していく過程を検討し、南北朝期、足利氏による暴力発動を基礎としたうえでの、室町期、秩序永続化のための儀礼・工作の繰り返し的実践が、権威の形成・維持に機能したと論じた。同時に、権威が崩壊していく過程についても検証し、一旦自明視された秩序の解体は、「下剋上」仮説では現実的に説明が難しいため、戦国期、足利氏側が血統重視から実力重視へと秩序構造を転換したことに伴う血統幻想の自壊＝「上からの改革」仮説で説明できるのではないか、との代案を提起した。そのうえで、最後に、近世以降においても足利の血統神話が広く地域・民俗社会に伏在したことを述べ、日本の歴史・社会における血統や権威の問題の根深さを見通した。

このように、本書は、実証を踏まえたうえで、さまざまな理論・仮説も提起しているが、その際に多数参照したのは、他時代・他地域・他分野の研究であった。一つの暴力（支配し搾取するはずの者）がいかに権威（神聖視される者）へと転化・永続し、今度は、一旦社会に定着し自明視されたはずの権威がなぜ壊れていくのか（あるいは、なぜ壊れないで続いていくのか）は世界的に普遍的な問いであり、足利氏の存続・崩壊を考えるうえでも参考になるはずだと考えられたためだ（むろん、その先には天皇論も視野に入っている）。

そのため、本書では、近世日本や西欧など、他時代・他地域での議論や、より原理的に、政治学や社会学など、隣接する学問分野での成果・発想も積極的・貪欲に吸収している。例えば、今村真介『王権の修辞学』（講談社、二〇〇四年）は、近世フランス・ブルボン家をモデルに、「儀礼的なものが、「王」をほとんど自動的に「王」として承認してしまう人々の「心の習慣」を形作る強力な装置として作動していた」と指摘するが、こうした理解や理論は、近世のフランスにとどまらず、世界的に普遍的なシステムであり、時代や地域を超えて応用できるはずの成果・発想であると考えられ、本書でも大いに参照したところだ。

同時に、本書で得られた個別的・具体的な事実や仮説もまた、他時代・他地域・他分野と交流が可能なもの（さらには、刺激を与えうるもの）となっていることを切に願うが、本当にそうなっているかは、もはや筆者自身ではなく、読者諸賢の判断に委ねるほかない。

専門書である『中世足利氏の血統と権威』に続き、一般書である本書もまた吉川弘文館の永田伸・並木隆両氏から適切なアドバイスを得ることができた。心より御礼申し上げる次第である。

二〇二一年三月

谷口雄太

参考文献

天野忠幸『戦国期三好政権の研究』清文堂、二〇一〇年
有光友學編『戦国の地域国家』吉川弘文館、二〇〇三年
家永遵嗣「室町幕府の成立」『学習院大学研究年報』五四、二〇〇七年
石川美咲「戦国期美濃国における後斎藤氏権力の展開」『年報中世史研究』三九、二〇一四年
石母田正「『中世政治社会思想』上　解説」同『石母田正著作集』八、岩波書店、一九八九年、初出一九七二年
市川裕士『室町幕府の地方支配と地域権力』戎光祥出版、二〇一七年
市沢　哲『日本中世公家政治史の研究』校倉書房、二〇一一年
今谷　明『室町幕府解体過程の研究』岩波書店、一九八五年
今村真介『王権の修辞学』講談社、二〇〇四年
今村仁司・今村真介『儀礼のオントロギー』講談社、二〇〇七年
エドマンド・バーク、水田洋訳『フランス革命についての省察』中央公論社、一九六九年、原著一七九〇年
エドワード・ハレット・カー、清水幾太郎訳『歴史とは何か』岩波書店、一九六二年、原著一九六一年
小川　信『足利一門守護発展史の研究』吉川弘文館、一九八〇年

小川　信『細川頼之』吉川弘文館、一九八九年
落合延孝『猫絵の殿様』吉川弘文館、一九九六年
垣内和孝『室町期南奥の政治秩序と抗争』岩田書院、二〇〇六年
勝俣鎮夫『戦国時代論』岩波書店、一九九六年
萱野稔人『国家とはなにか』以文社、二〇〇五年
川合　康『鎌倉幕府成立史の研究』校倉書房、二〇〇四年
川岡　勉『室町幕府と守護権力』吉川弘文館、二〇〇二年
川崎　修「権威」廣松渉・子安宣邦・三島憲一・宮本久雄・佐々木力・野家啓一・末木文美士編『岩波哲学・思想事典』岩波書店、一九九八年
木下　聡「斎藤義龍の一色改姓について」『戦国史研究』五四、二〇〇七年
木下　聡『室町幕府の奉公衆と外様衆』同成社、二〇一八年
久住真也『幕末の将軍』講談社、二〇〇九年
黒嶋　敏「室町幕府・奥州探題体制のゆくえ」大石直正・小林清治編『陸奥国の戦国社会』高志書院、二〇〇四年
黒嶋　敏『中世の権力と列島』高志書院、二〇一二年
黒田基樹『戦国期東国の大名と国衆』岩田書院、二〇〇一年
小池辰典「鈎の陣にみる戦国初頭の将軍と諸大名」『日本歴史』八五一、二〇一九年
高坂正堯『国際政治』中央公論社、一九六六年

桜井英治『室町人の精神』講談社、二〇〇一年
佐々木紀一「永仁四年吉見義世謀反の背景」『季刊ぐんしょ』六九、二〇〇五年
佐藤進一「室町幕府論」同『日本中世史論集』岩波書店、一九九〇年、初出一九六三年
佐藤進一『南北朝の動乱』中央公論社、一九六五年
佐藤博信『古河公方足利氏の研究』校倉書房、一九八九年a
佐藤博信『中世東国の支配構造』思文閣出版、一九八九年b
設楽　薫「足利義材の没落と将軍直臣団」『日本史研究』三〇一、一九八七年
設楽　薫「足利将軍が一門の「名字」を与えること」『姓氏と家紋』五六、一九八九年
末柄　豊「室町文化とその担い手たち」榎原雅治編『一揆の時代』吉川弘文館、二〇〇三年
杉山一弥『室町幕府の東国政策』思文閣出版、二〇一四年
鐸木昌之『北朝鮮』東京大学出版会、一九九二年
鐸木昌之『北朝鮮首領制の形成と変容』明石書店、二〇一四年
鈴木由美「「源氏の嫡流」と鎌倉期足利氏」『ぶい&ぶい』二九、二〇一六年
高橋典幸『鎌倉幕府軍制と御家人制』吉川弘文館、二〇〇八年
谷口雄太『中世足利氏の血統と権威』吉川弘文館、二〇一九年
谷橋啓太「細川藤孝の動向について」『大正大学大学院研究論集』四〇、二〇一六年
中根正人「応永の乱と「足利義氏」」『ヒストリア』二六九、二〇一八年
夏目琢史「平泉澄と網野善彦」阿部猛・田村貞雄編『明治期日本の光と影』同成社、二〇〇八年

新名一仁「大覚寺義昭の祟りとその供養」都城市史編さん委員会編『都城市史』通史編中世・近世、都城市、二〇〇五年
二宮宏之「王の儀礼」同『二宮宏之著作集』三、岩波書店、二〇一一年、初出一九九〇年
長谷川賢二「阿波足利氏の守札」『朱』四九、二〇〇六年
ハンナ・アーレント、山田正行訳『暴力について』みすず書房、二〇〇〇年、原著一九七二年
二木謙一『中世武家儀礼の研究』吉川弘文館、一九八五年
ヘドリー・ブル、臼杵英一訳『国際社会論』岩波書店、二〇〇〇年、原著一九七七年
細谷雄一『国際秩序』中央公論新社、二〇一二年
保立道久『日本史の時代名と時代区分』『じっきょう地歴・公民科資料』八三、二〇一六年
松本和也『イエズス会がみた「日本国王」』吉川弘文館、二〇二〇年
マルク・ブロック、井上泰男・渡邊昌美訳『王の奇跡』刀水書房、一九九八年、原著一九二四年
皆川　卓「神聖ローマ帝国論」金澤周作監修、藤井崇・青谷秀紀・古谷大輔・坂本優一郎・小野沢透編『論点・西洋史学』ミネルヴァ書房、二〇二〇年
村井章介『中世の国家と在地社会』校倉書房、二〇〇五年
森　茂暁『佐々木導誉』吉川弘文館、一九九四年
山澤　学「新田源氏言説の構造」山本隆志編『日本中世政治文化論の射程』思文閣出版、二〇一二年
山田貴司『中世後期武家官位論』戎光祥出版、二〇一五年
山田康弘『戦国時代の足利将軍』吉川弘文館、二〇一一年

山田康弘「やっかいな質問」『本郷』九五、二〇一一年a
山田康弘「戦国期足利将軍存続の諸要因」『日本史研究』六七二、二〇一八年
山田康弘編『戦国期足利将軍研究の最前線』山川出版社、二〇二〇年
ルイ・アルチュセール、西川長夫・伊吹浩一・大中一彌・今野晃・山家歩訳『再生産について』上、平凡社、二〇一〇年、原著一九七〇年
若尾政希『「太平記読み」の時代』平凡社、一九九九年
和氣俊行「「足利政氏書札礼」の歴史的性格をめぐって」荒川善夫・佐藤博信・松本一夫編『中世下野の権力と社会』岩田書院、二〇〇九年
渡邊大門『戦国・織豊期赤松氏の権力構造』岩田書院、二〇一四年
渡辺　浩『東アジアの王権と思想』東京大学出版会、一九九七年

著者紹介

一九八四年、兵庫県に生まれる

二〇一五年、東京大学大学院人文社会系研究科博士課程単位取得満期退学

現在、東京大学大学院人文社会系研究科（文学部）研究員、博士（文学）

〔主要著書〕

『中世足利氏の血統と権威』（吉川弘文館、二〇一九年）

『室町期東国武家の「在鎌倉」』（鎌倉考古学研究所、二〇二〇年）

歴史文化ライブラリー

525

〈武家の王〉足利氏

戦国大名と足利的秩序

二〇二一年（令和三）六月一日　第一刷発行

著　者　谷口雄太（たにぐちゆうた）

発行者　吉川道郎

発行所　株式会社　吉川弘文館

東京都文京区本郷七丁目二番八号

郵便番号一一三―〇〇三三

電話〇三―三八一三―九一五一〈代表〉

振替口座〇〇一〇〇―五―二四四

http://www.yoshikawa-k.co.jp/

印刷＝株式会社 平文社

製本＝ナショナル製本協同組合

装幀＝清水良洋・高橋奈々

ISBN978-4-642-05925-1

歴史文化ライブラリー

1996. 10

刊行のことば

現今の日本および国際社会は、さまざまな面で大変動の時代を迎えておりますが、近づきつつある二十一世紀は人類史の到達点として、物質的な繁栄のみならず文化や自然・社会環境を謳歌できる平和な社会でなければなりません。しかしながら高度成長・技術革新にともなう急激な変貌は「自己本位な刹那主義」の風潮を生みだし、先人が築いてきた歴史や文化に学ぶ余裕もなく、いまだ明るい人類の将来が展望できていないようにも見えます。このような状況を踏まえ、よりよい二十一世紀社会を築くために、人類誕生から現在に至る「人類の遺産・教訓」としてのあらゆる分野の歴史と文化を「歴史文化ライブラリー」として刊行することといたしました。

小社は、安政四年(一八五七)の創業以来、一貫して歴史学を中心とした専門出版社として書籍を刊行しつづけてまいりました。その経験を生かし、学問成果にもとづいた本叢書を刊行し社会的要請に応えて行きたいと考えております。

現代は、マスメディアが発達した高度情報化社会といわれますが、私どもはあくまでも活字を主体とした出版こそ、ものの本質を考える基礎と信じ、本叢書をとおして社会に訴えてまいりたいと思います。これから生まれでる一冊一冊が、それぞれの読者を知的冒険の旅へと誘い、希望に満ちた人類の未来を構築する糧となれば幸いです。

吉川弘文館

歴史文化ライブラリー

中世史

列島を翔ける平安武士 九州・京都・東国——野口　実
源氏と坂東武士——野口　実
敗者たちの中世争乱 年号から読み解く——関　幸彦
平氏が語る源平争乱——永井　晋
熊谷直実 中世武士の生き方——高橋　修
中世武士　畠山重忠 秩父平氏の嫡流——清水　亮
頼朝と街道 鎌倉政権の東国支配——木村茂光
大道　鎌倉時代の幹線道路——岡　陽一郎
仏都鎌倉の一五〇年——今井雅晴
鎌倉北条氏の興亡——奥富敬之
三浦一族の中世——高橋秀樹
伊達一族の中世「独眼龍」以前——伊藤喜良
弓矢と刀剣 中世合戦の実像——近藤好和
その後の東国武士団 源平合戦以後——関　幸彦
荒ぶるスサノヲ、七変化〈中世神話〉の世界——斎藤英喜
曽我物語の史実と虚構——坂井孝一
鎌倉浄土教の先駆者　法然——中井真孝
親　鸞——平松令三
親鸞と歎異抄——今井雅晴
畜生・餓鬼・地獄の中世仏教史 因果応報と悪道——生駒哲郎
神や仏に出会う時 中世びとの信仰と絆——大喜直彦
神仏と中世人 宗教をめぐるホンネとタテマエ——衣川　仁
神風の武士像 蒙古合戦の真実——関　幸彦
鎌倉幕府の滅亡——細川重男
足利尊氏と直義 京の夢、鎌倉の夢——峰岸純夫
高　師直 室町新秩序の創造者——亀田俊和
新田一族の中世「武家の棟梁」への道——田中大喜
皇位継承の中世史 血統をめぐる政治と内乱——佐伯智広
地獄を二度も見た天皇　光厳院——飯倉晴武
南朝の真実 忠臣という幻想——亀田俊和
中世の巨大地震——矢田俊文
大飢饉、室町社会を襲う！——清水克行
中世の富と権力 寄進する人びと——湯浅治久
中世は核家族だったのか 民衆の暮らしと生き方——西谷正浩
出雲の中世 地域と国家のはざま——佐伯徳哉
中世武士の城——齋藤慎一
戦国の城の一生 つくる・壊す・蘇る——竹井英文

歴史文化ライブラリー

徳川家康と武田氏 信玄・勝頼との十四年戦争——本多隆成
戦国大名毛利家の英才教育 元就・隆元・輝元と妻たち——五條小枝子
戦国大名の兵粮事情——久保健一郎
戦乱の中の情報伝達 使者がつなぐ中世京都と在地——酒井紀美
戦国時代の足利将軍——山田康弘
〈武家の王〉足利氏 戦国大名と足利的秩序——谷口雄太
室町将軍の御台所 日野康子・重子・富子——田端泰子
名前と権力の中世史 室町将軍の朝廷戦略——水野智之
摂関家の中世 藤原道長から豊臣秀吉まで——樋口健太郎
戦国貴族の生き残り戦略——岡野友彦
鉄砲と戦国合戦——宇田川武久
検証 長篠合戦——平山 優
織田信長と戦国の村 天下統一のための近江支配——深谷幸治
検証 本能寺の変——谷口克広
明智光秀の生涯——諏訪勝則
加藤清正 朝鮮侵略の実像——北島万次
落日の豊臣政権 秀吉の憂鬱、不穏な京都——河内将芳
豊臣秀頼——福田千鶴
イエズス会がみた「日本国王」 天皇・将軍・信長・秀吉——松本和也
海賊たちの中世——金谷匡人
アジアのなかの戦国大名 西国の群雄と経営戦略——鹿毛敏夫
琉球王国と戦国大名 島津侵入までの半世紀——黒嶋 敏
天下統一とシルバーラッシュ 銀と戦国の流通革命——本多博之

各冊一七〇〇円〜二〇〇〇円（いずれも税別）

▽残部僅少の書目も掲載してあります。品切の節はご容赦下さい。

▽品切書目の一部について、オンデマンド版の販売も開始しました。

詳しくは出版図書目録、または小社ホームページをご覧下さい。